V 250.4
rh A

22111

PLANCHES

POUR LE CINQUIÉME VOLUME

DU COURS

D'ARCHITECTURE,

COMMENCÉ

PAR feû J. F. BLONDEL,

ET continué par M. PATTE.

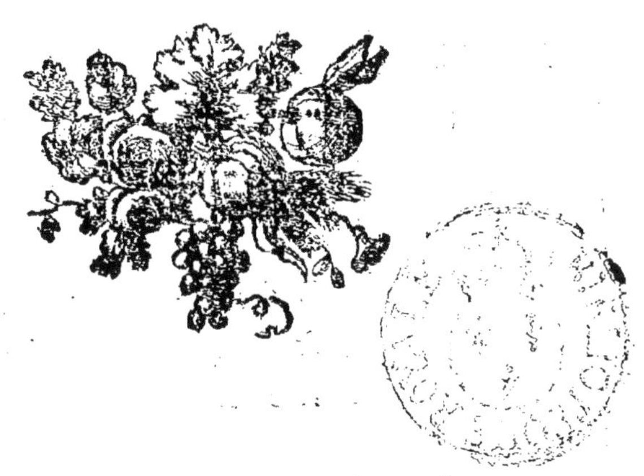

A PARIS,

Chez la Veuve DESAINT, Libraire,
rue du Foin-Saint-Jacques.

M. DCC. LXXVII.

Avec Approbation, & Privilége du Roi.

AVIS AU RELIEUR.

LE RELIEUR prendra soin de mettre toutes les Planches du Ve & VIe Volumes de suite, & de séparer celles du VIe Volume par le Titre qui les annonce ; lequel Titre doit être placé entre les Planches LXXXV & LXXXVI.

Il aura l'attention de surgetter ou de coudre ensemble, à côté les unes des autres, les Planches simples par cahiers de 4 ou 5 planches, & d'ajouter un onglet à chaque cahier, pour remplir le dos du Livre, mais sans le faire sortir aucunement.

Les Planches doubles seront disposées pour sortir en partie hors du Livre, & peuvent être ployées par une de leurs extrêmités, de maniere à n'avoir pas besoin d'onglets.

La Planche CXI sera ployée sur la hauteur en trois parties, & en deux sur la largeur, de façon à pouvoir être rognée seulement par le haut & le bas.

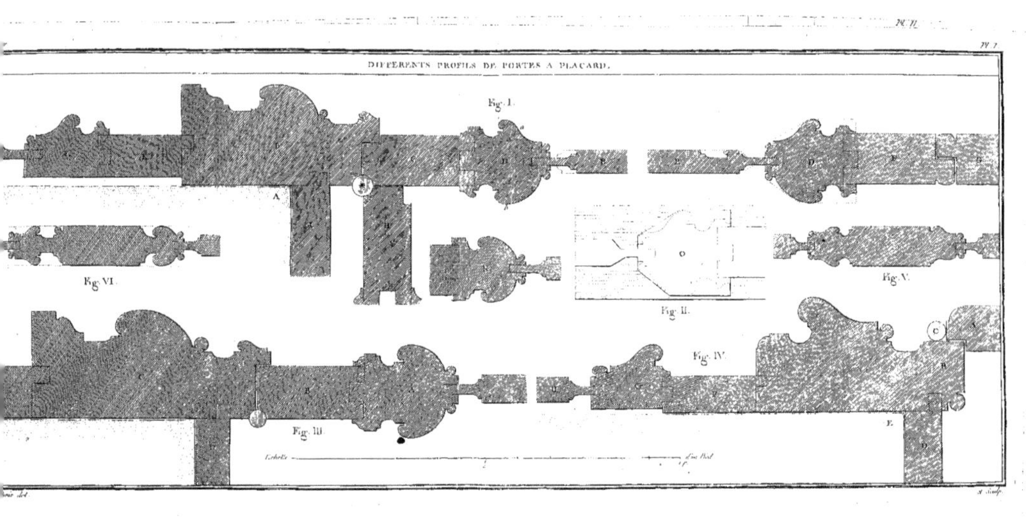
DIFFÉRENTS PROFILS DE PORTES A PLACARD.
Fig. I.
Fig. II.
Fig. III.
Fig. IV.
Fig. V.
Fig. VI.
Échelle
d'un Pied

DIVERS PROFILS POUR LES CADRES DES GUICHETS DES PORTES COCHERES.

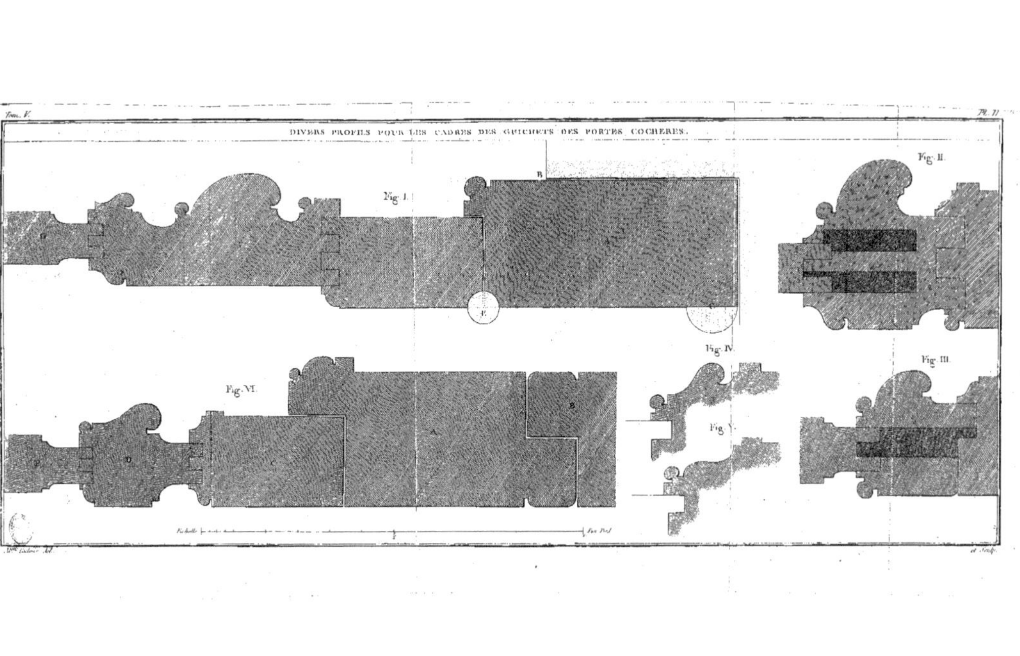

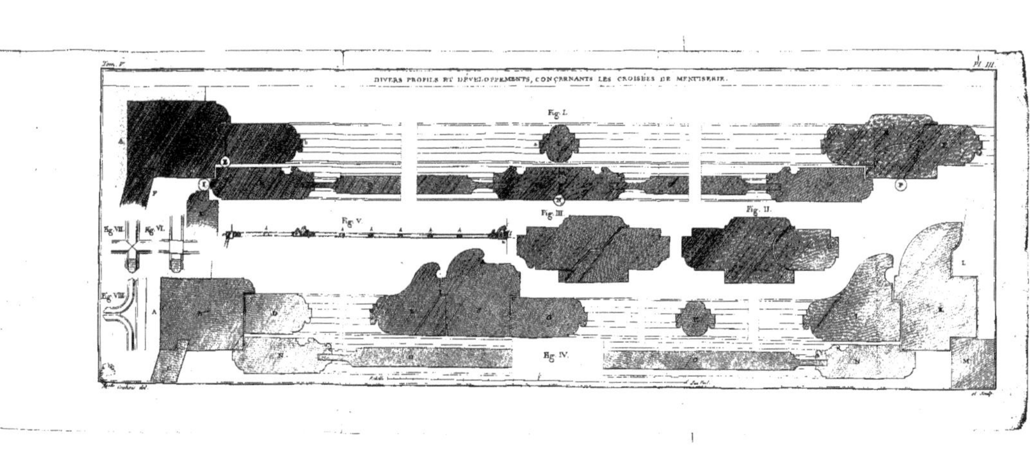

DIVERS PROFILS ET DÉVELOPPEMENTS, CONCERNANTS LES CROISÉES DE MENUISERIE.
Fig. I.
Fig. II.
Fig. III.
Fig. IV.
Fig. V.
Fig. VI.
Fig. VII.
Fig. VIII.

DIVERS PROFILS CONCERNANT LES LAMBRIS DE HAUTEUR ET LES LAMBRIS D'APPUI.

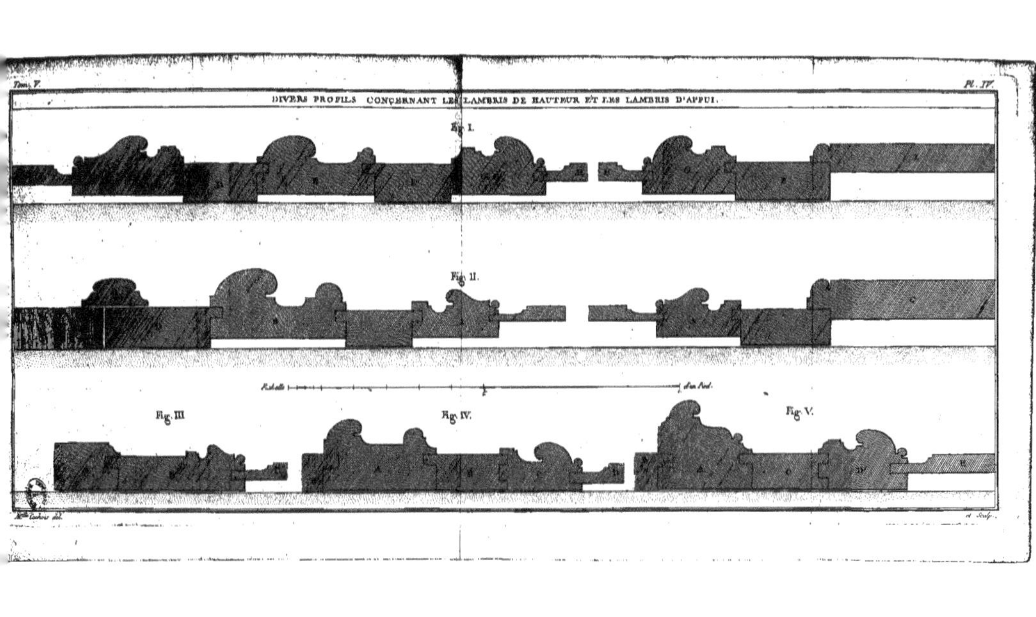

PROFILS DE CORNICHES EN PLÂTRE POUR LES PETITS APPARTEMENS.

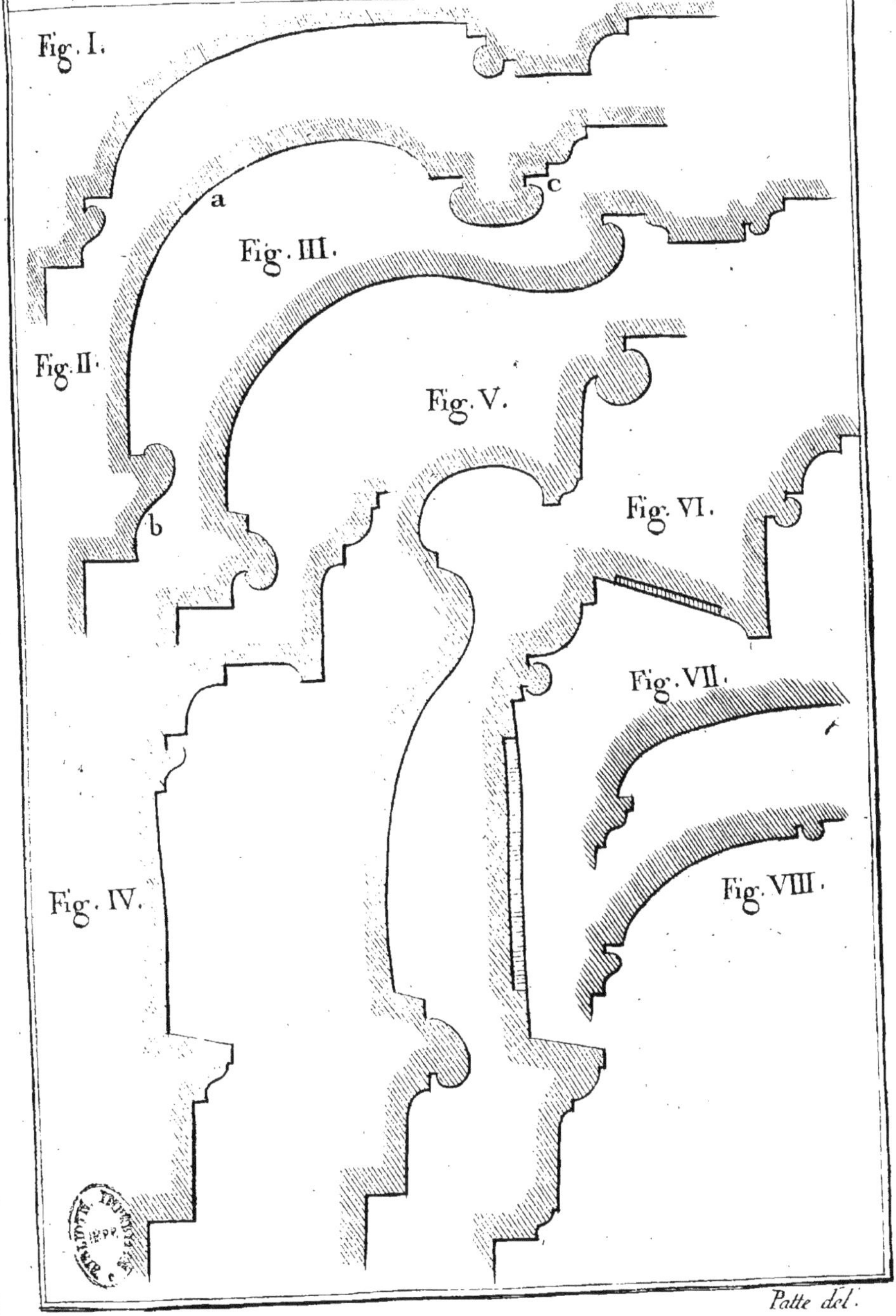

Fig. I.

Fig. II.

Fig. III.

Fig. IV.

Fig. V.

Fig. VI.

Fig. VII.

Fig. VIII.

a

b

c

Patte del.

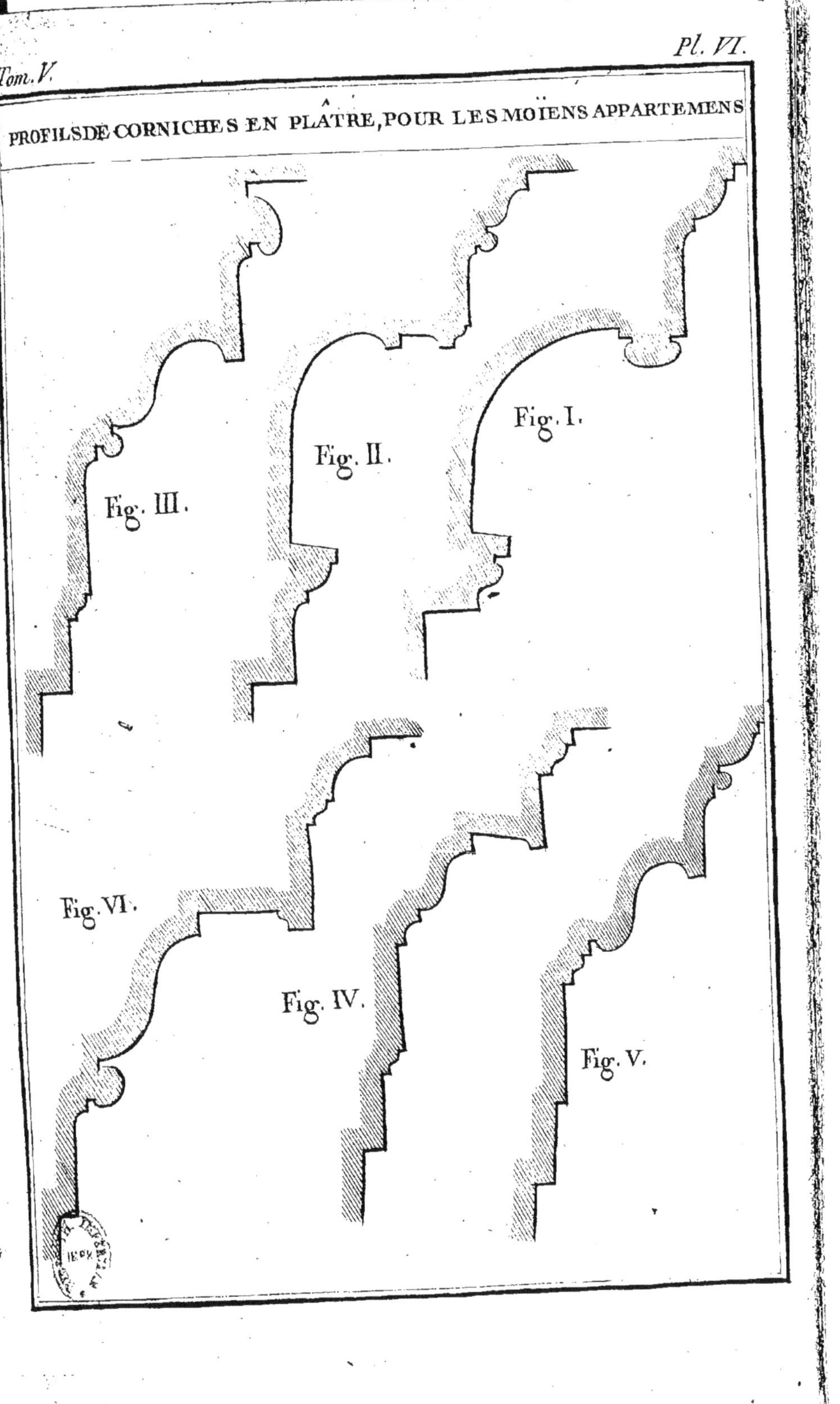
PROFILS DE CORNICHES EN PLATRE, POUR LES MOIENS APPARTEMENS
Fig. I.
Fig. II.
Fig. III.
Fig. VI.
Fig. IV.
Fig. V.
PROFILS DE CORNICHES EN PLATRE, POUR LES MOIENS APPARTEMENS

PROFILS EN PLATRE POUR LES GRANDS APPARTEMENS.

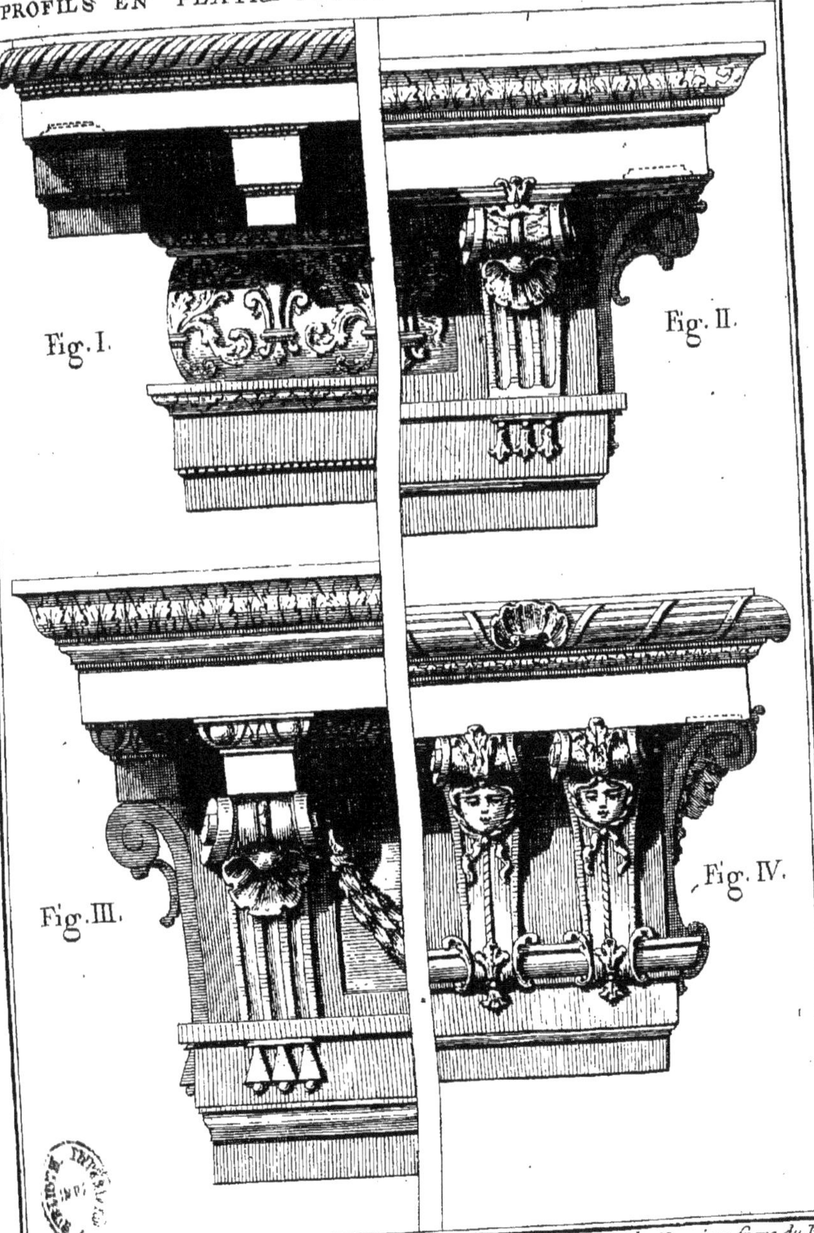

Dessiné par P. Patte.

Gravé par N. Ransonnette P.er Graveur de Monsieur frere du Roi.

Patte del.

de la Gardette Sculp.

PORTE A PLACARD DANS UNE ARCADE.
D
A
B
C
E
E
Echelle de
1
2
3
4
5
6. Pieds.
de la Gardette Sculp.
Patte inv.

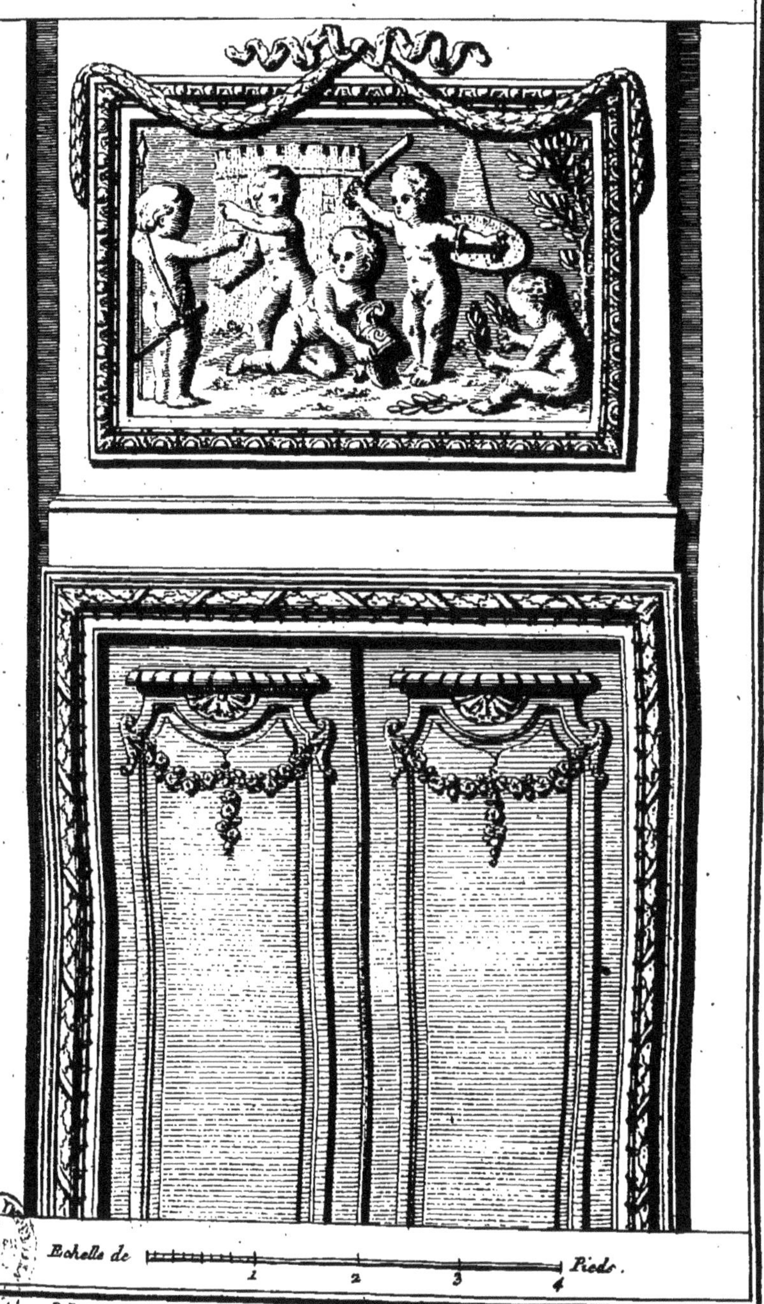

COURONEMENT D'UNE PORTE A PLACARD.
Echelle de   Pieds.
1   2   3   4
Inventé par P. Patte.
Gravé par N. Ransonnette 1er Graveur de Monsieur frere du Roi.

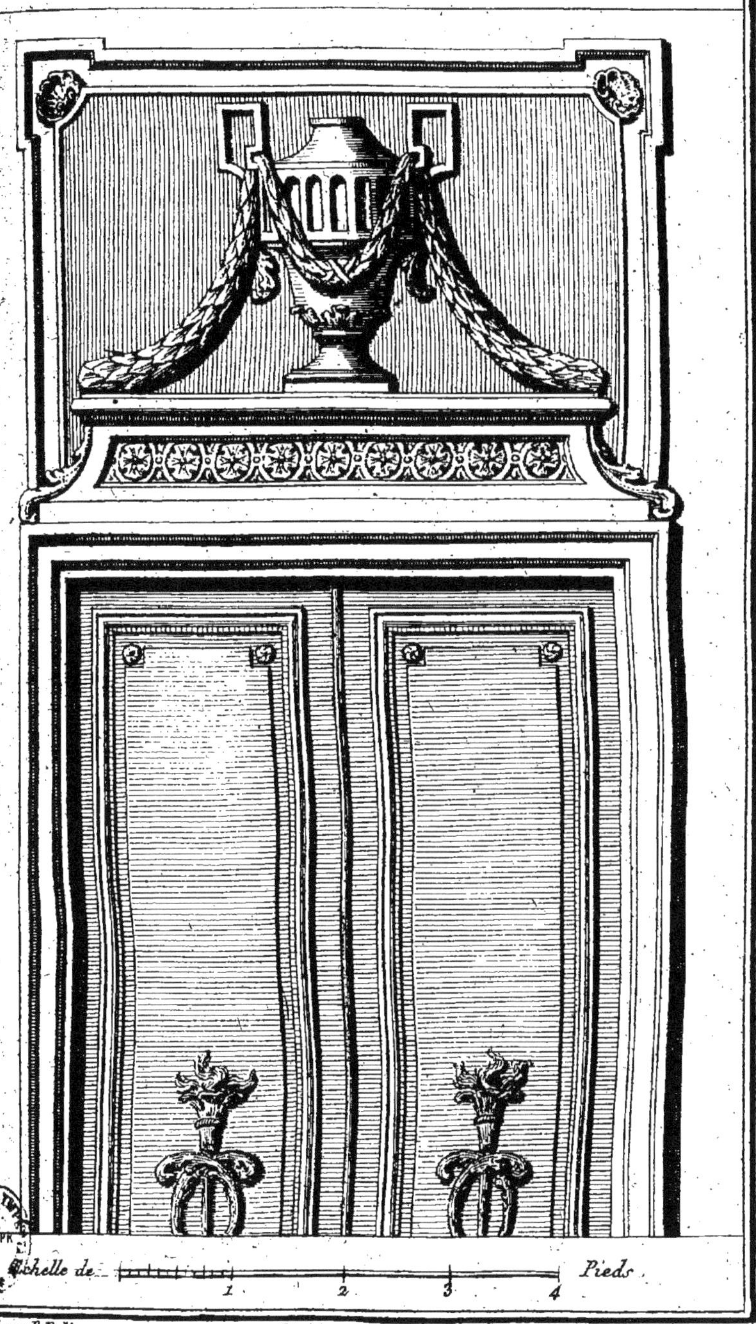

Inventé par P. Patte.   Gravé par N. Ransonnette P.r Graveur de Monsieur frere du Roi.

CROISÉE QUARRÉE ET A BANQUETTE.

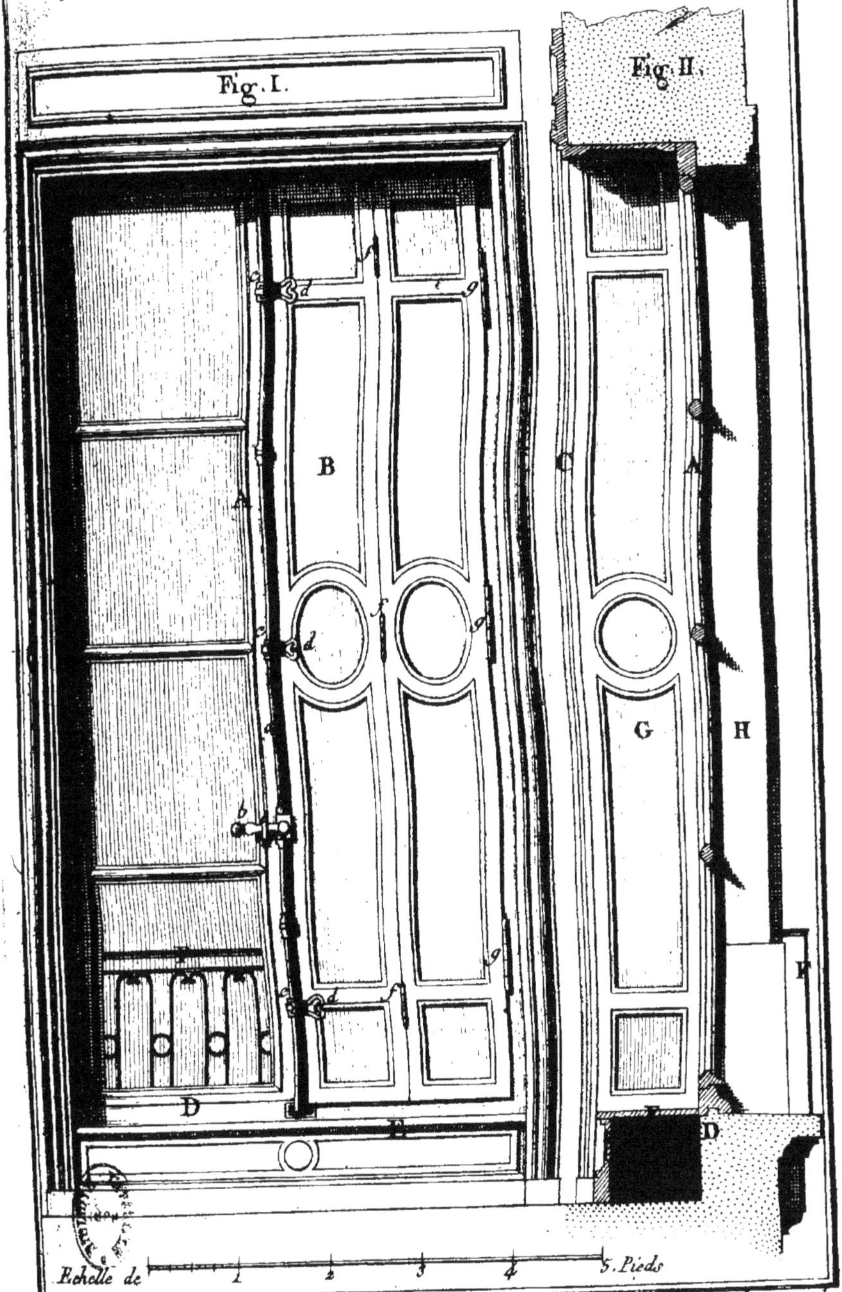

Fig. I.

Fig. II.

Echelle de 1 2 3 4 5. Pieds

Palte inv.

de la Gardette Sculp.

Tom. V.

PORTES CROISÉES RONDE ET QUARRÉE AVEC UNE IMPOSTE.

To

PORTE CROISÉE AVEC UNE VOUSSURE ET SANS IMPOSTE.

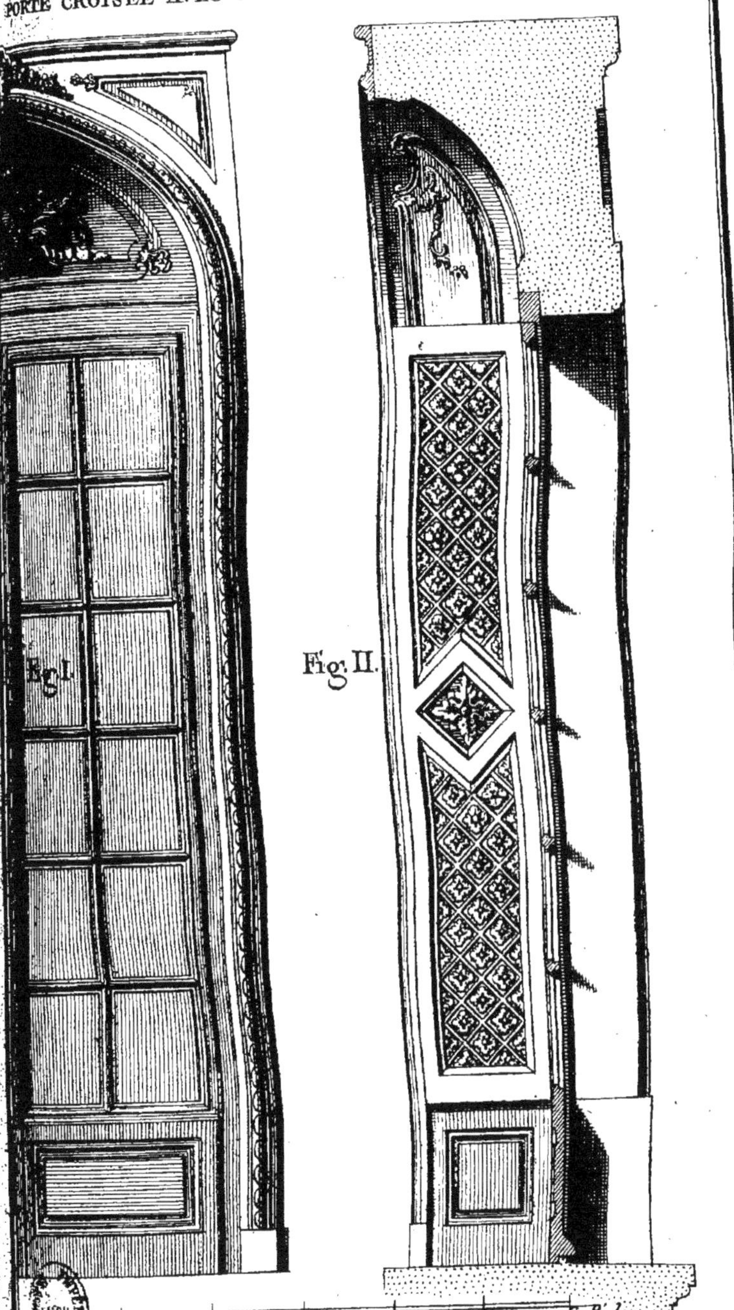

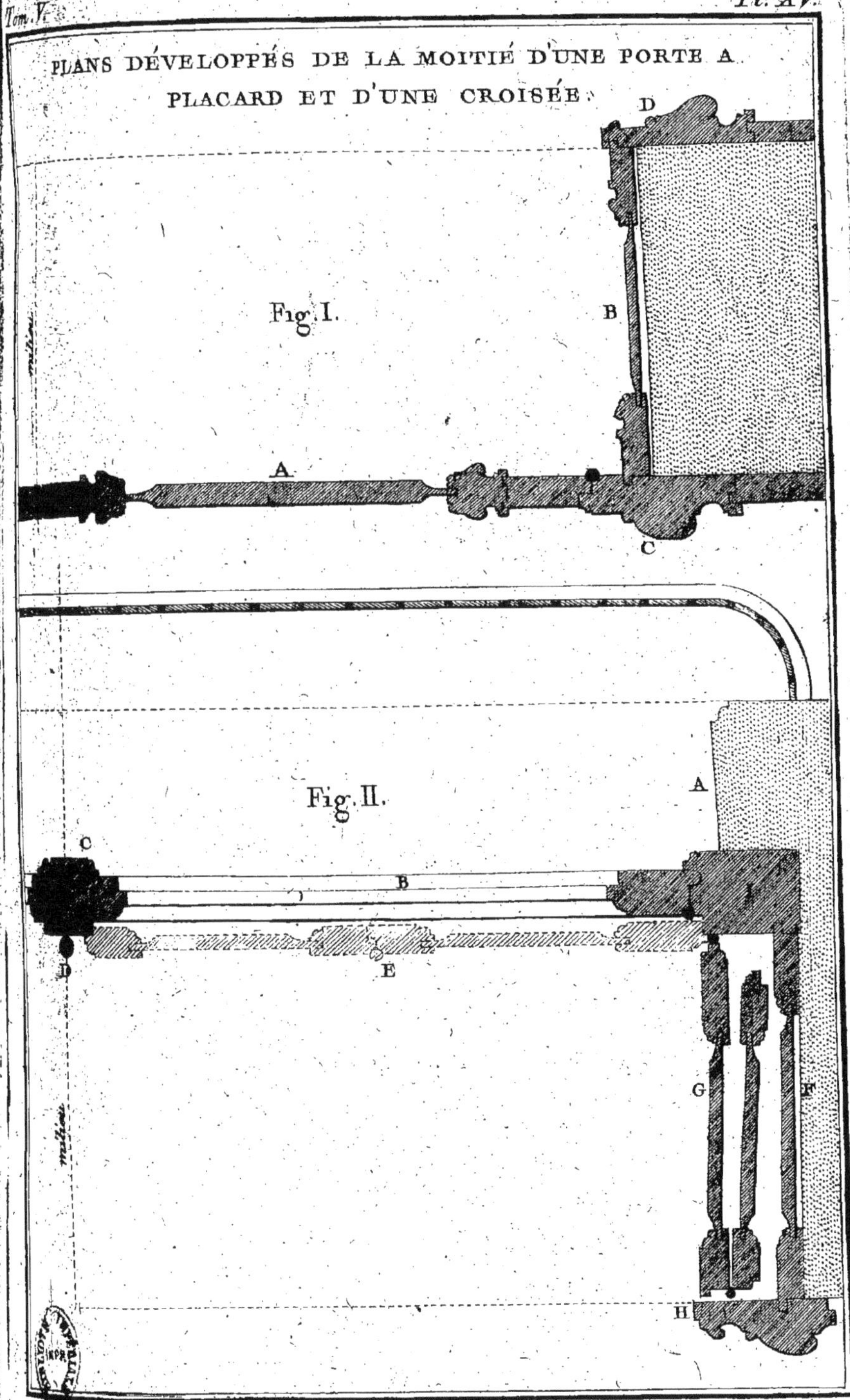
PLANS DÉVELOPPÉS DE LA MOITIÉ D'UNE PORTE A
PLACARD ET D'UNE CROISÉE.
Fig. I.
D
B
A
C
Fig. II.
C
A
B
D
E
G
F
H
Patte del.
Ransonnette Sculp.

Tom
milieu
Pa

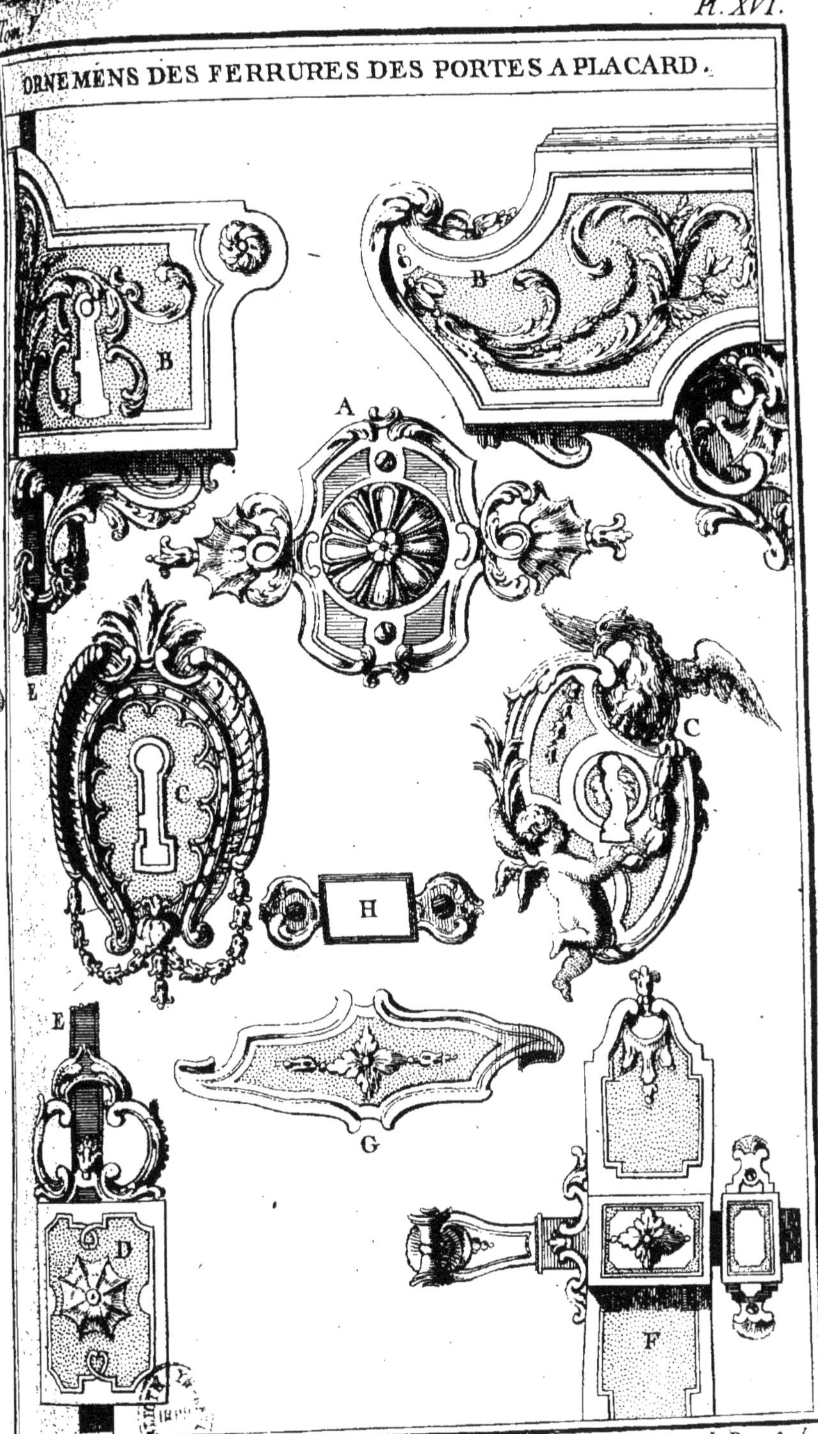
Tom. 7
ORNEMENS DES FERRURES DES PORTES A PLACARD.
B
B
A
E
C
L
H
E
D
G
F
Blondel del.
le Roy Sculp

ORNEMENS DES FERRURES D'UNE CROISÉE.

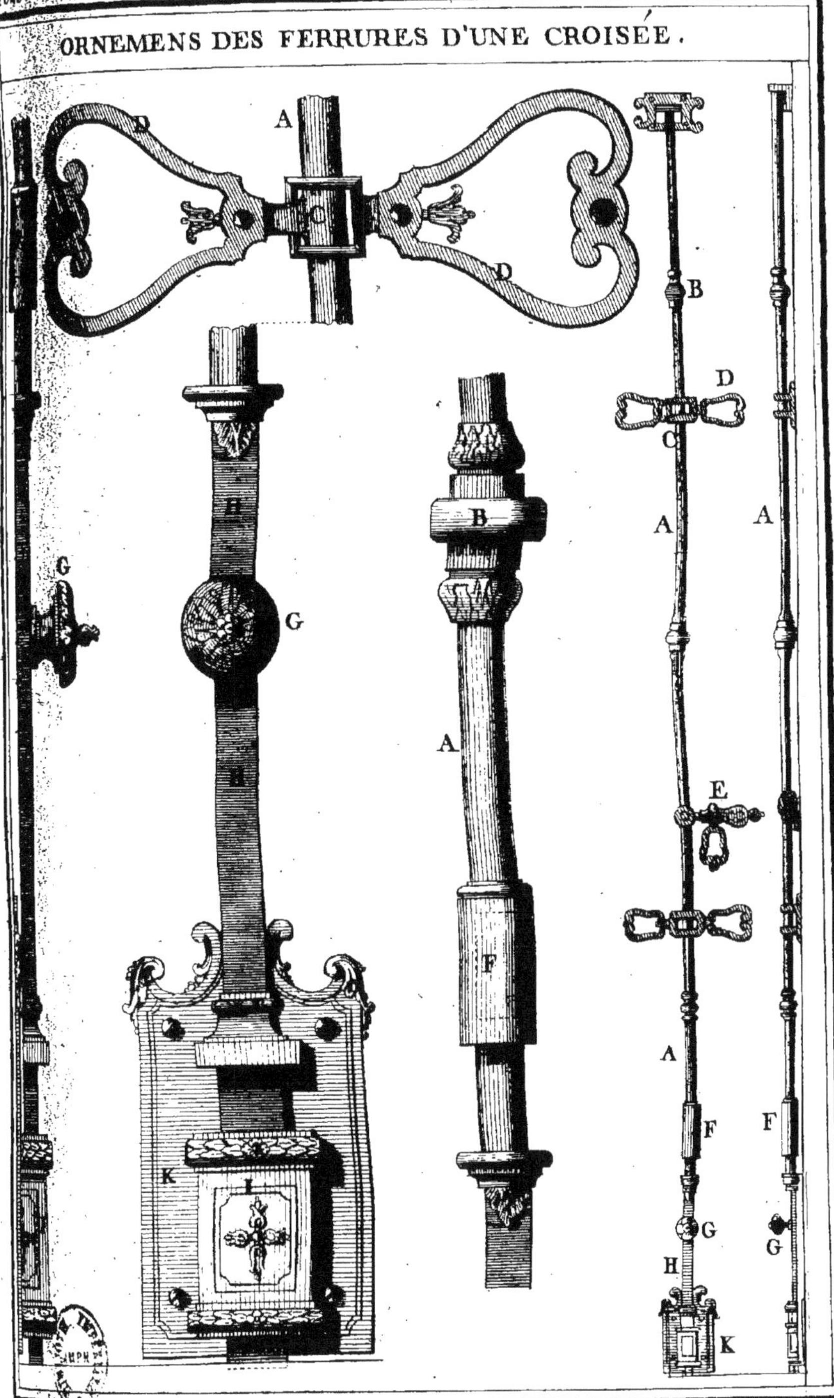

Blondel del.   J.B. Milsan Sculp.

Tom

CHAMBRANLE DE CHEMINÉE.

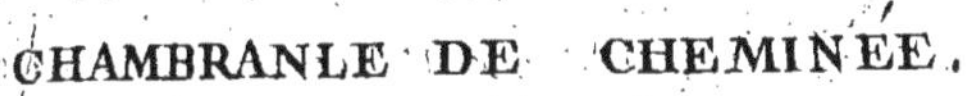

Fig. I.

PLAN DE LA TABLETTE.

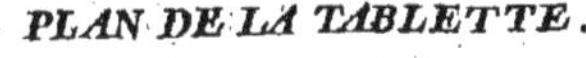

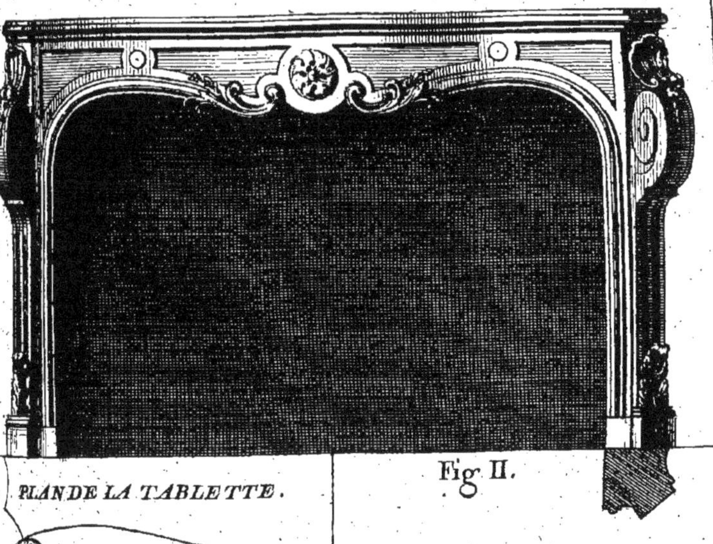

PLAN DE LA TABLETTE.

Fig. II.

Echelle de ———— 1 ———— 2 ———— 3 ———— 4. Pieds

Patte del.   de la Gardette Sculp.

Tom.

DÉCORATION D'UNE CHEMINÉE.
Echelle de
1
2
3
4
5
6. Pieds.
de la Gardette Sculp.

Tom.

RE DÉCORATION D'UNE CHEMINÉE.
Plan de la Tablette.
Echelle de
Six Pieds
de La Gardette Sculp.

To

ATION D'UN POELE DANS UNE NICHE.

ATION D'UN POELE DANS UNE NICHE.

le Roi Sculp.

To

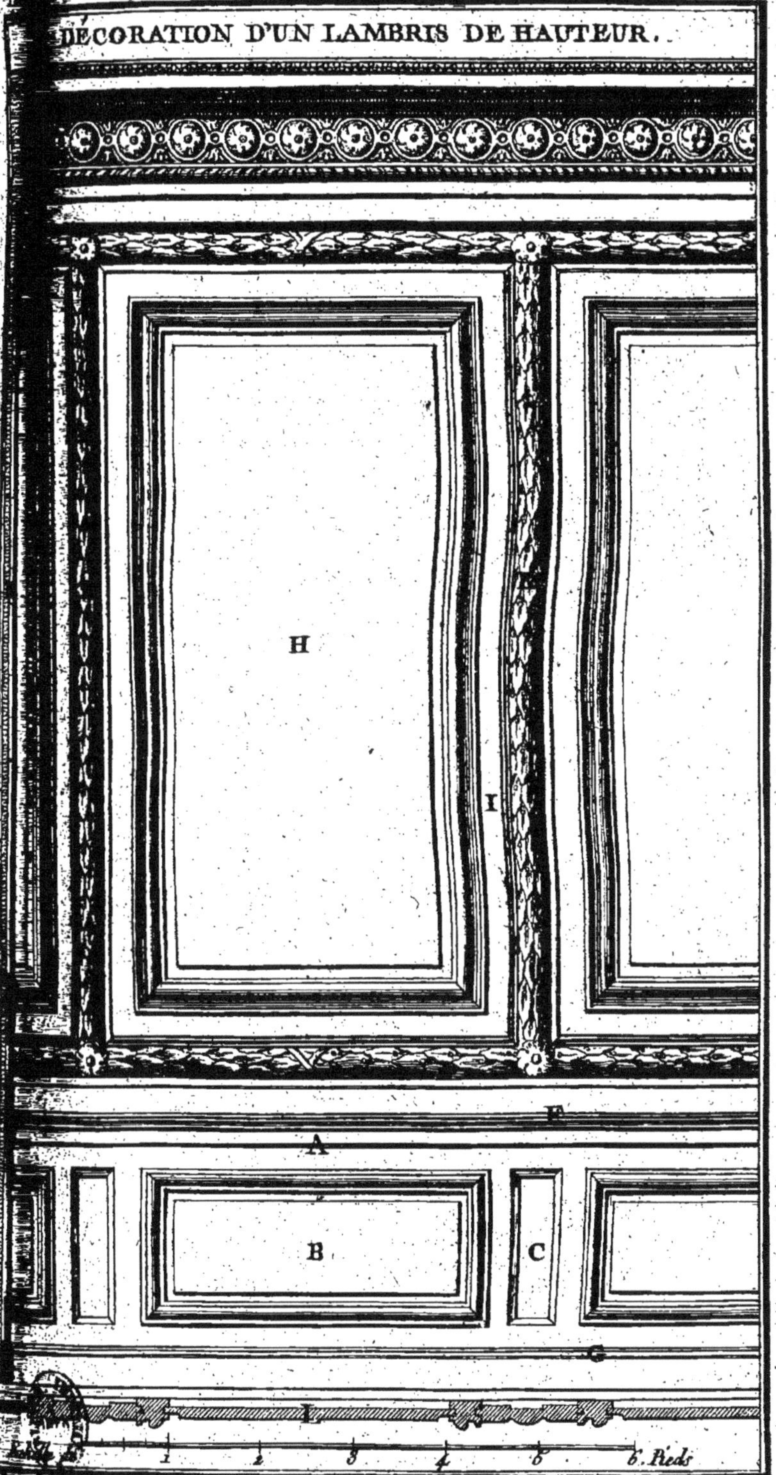
DÉCORATION D'UN LAMBRIS DE HAUTEUR.
H
I
A
B
C
F
G
1   2   3   4   5   6. Pieds
de la Gardette Sculp.

AUTRE DÉCORATION D'UN LAMBRIS DE HAUTEUR.
D
E
E
A
B
O
O
F
Echelle de
1
2
3
4
5
6. Pieds
Pelle del.
de la Gardette Sculp.

DIFFERENS DESSEINS DE TORCHIERES.

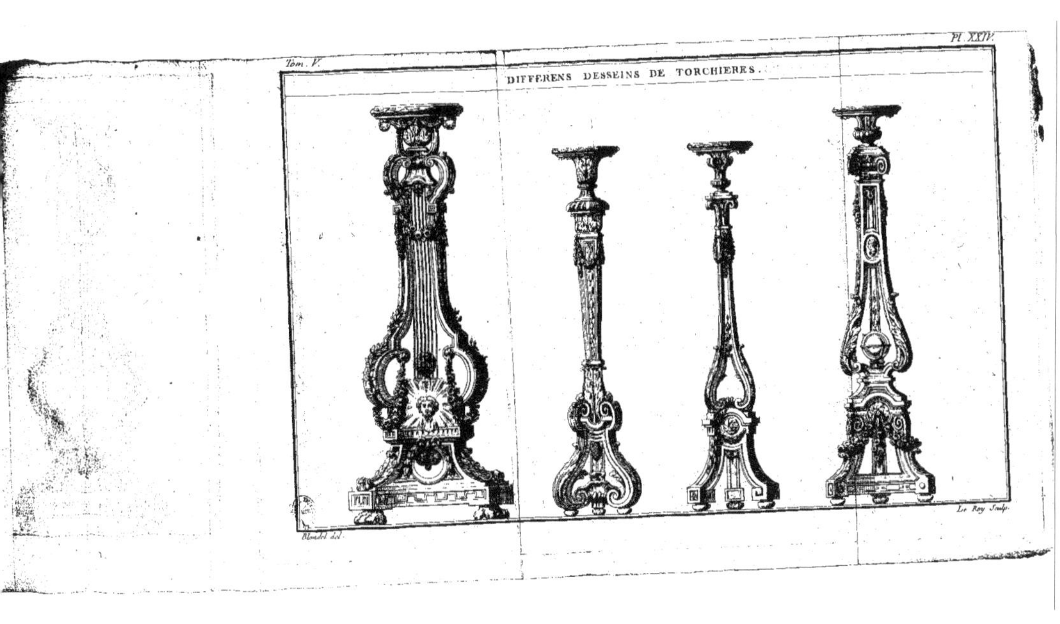

DESSEINS DE PLAFONDS.
J. B. Bichard Sculp.

Tom
B

DESSEIN D'UN PLAFOND

DANS LE GOUT MODERNE.

Blondel del.

J.B. Bichard Sculp.

ND DANS LE GOUT ANTIQUE POUR UN SALLON.

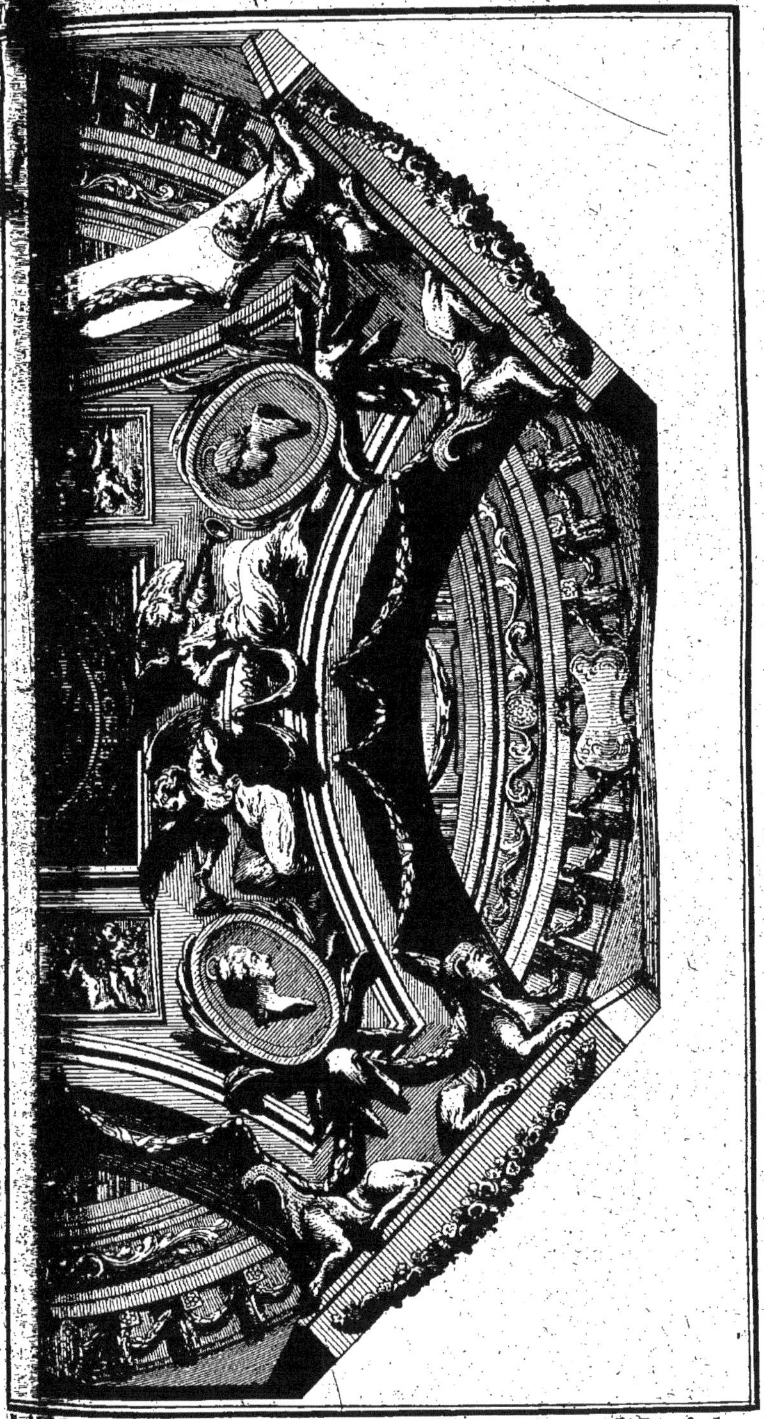

le Roy Sculp.

Tom

Bl

PLAFOND D'UNE GALLERIE.
le Roy Sculp.

AUTRE GRAND PLAFOND DANS LE GENRE ANTIQUE.

Blondel del.

le Roy Sculp.

Tom

Tom

B

DIFFERENS DESSEINS DE FRISES IMITÉS DES MEILEURS EXEMPLES ANTIQUES.

le Roy Sculp.

DESSEINS DE PANAUX ET DE PILASTRES DE SERRURIE.

DESSEINS DE PANAUX ET DE PILASTRES DE SERRURIE.

Blondel del.

DIFFERENS DESSEINS DE BALCONS.

Blondel del.

GRILLE A HAUTEUR D'APPUI   SERVANT D'ENTRÉE AU CHŒUR DE L'ÉGLISE DE S. GERMAIN L'AUXER. OIS

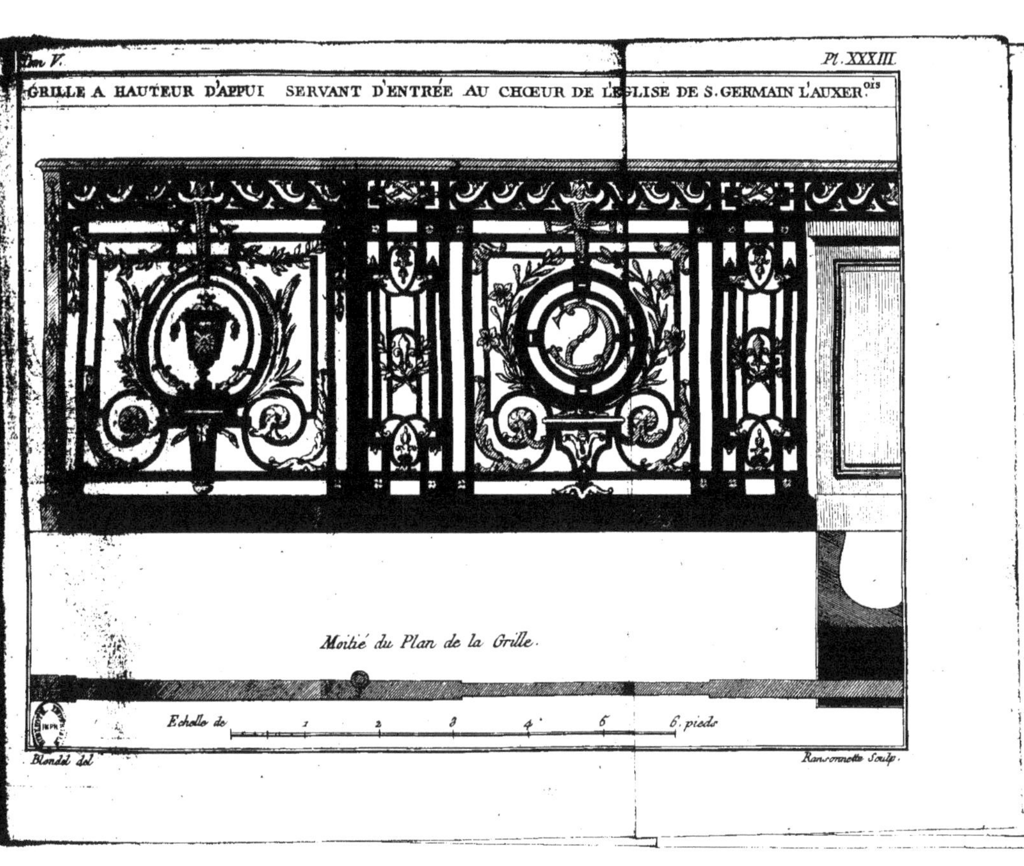

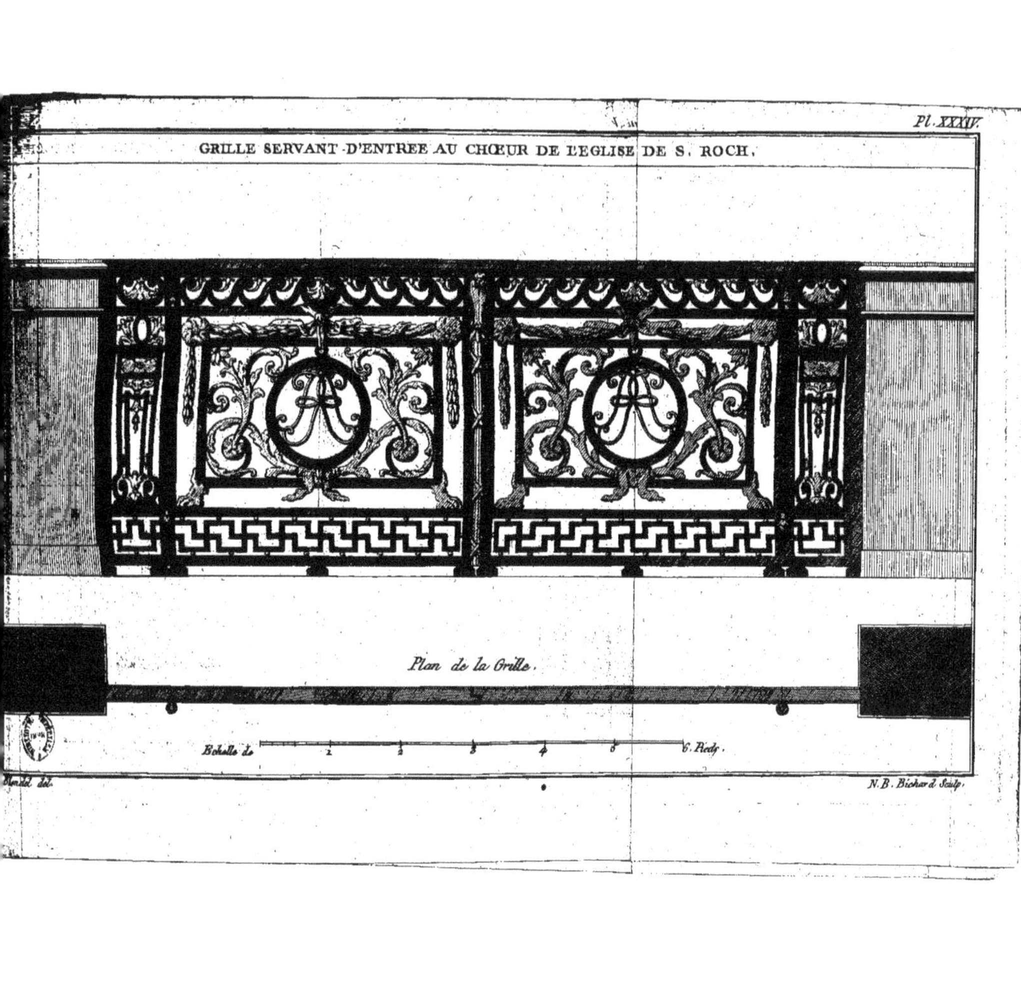

Pl. XXXIV.
GRILLE SERVANT D'ENTRÉE AU CHŒUR DE L'ÉGLISE DE S. ROCH.
Plan de la Grille.
Echelle de   1   2   3   4   5   6. Pieds.
Mondel del.
N.B. Bichard Sculp.

RAMPE DE L'ESCALIER DE LA REINE DANS LE CHATEAU DES TUILLERIES.

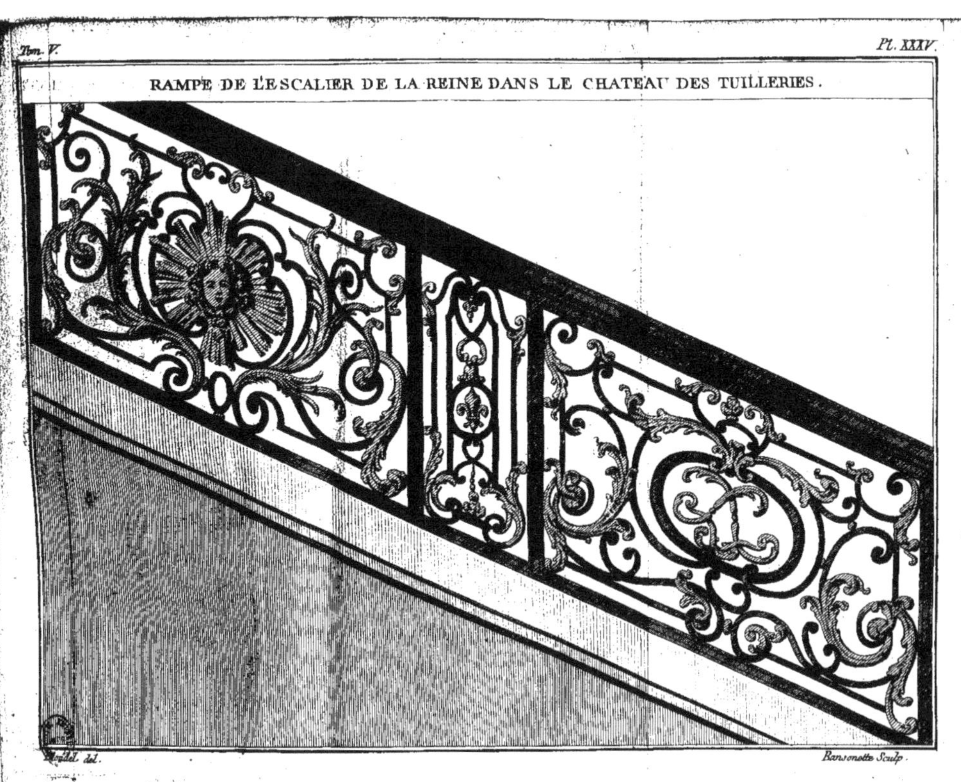

To
E
Palle

GRILLE D'ENTRÉE DE LA MAISON DE M. D'ARGENSON A NEUILLY.

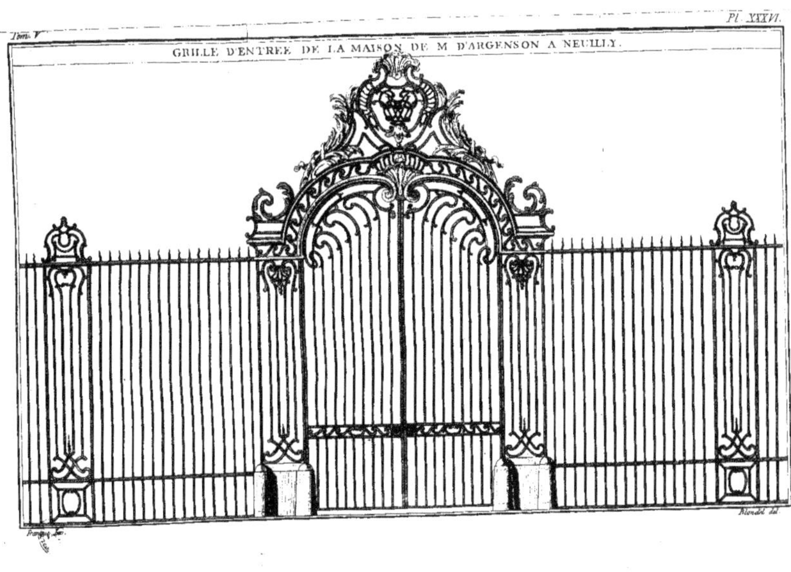

Tom.
Esca
½ d.

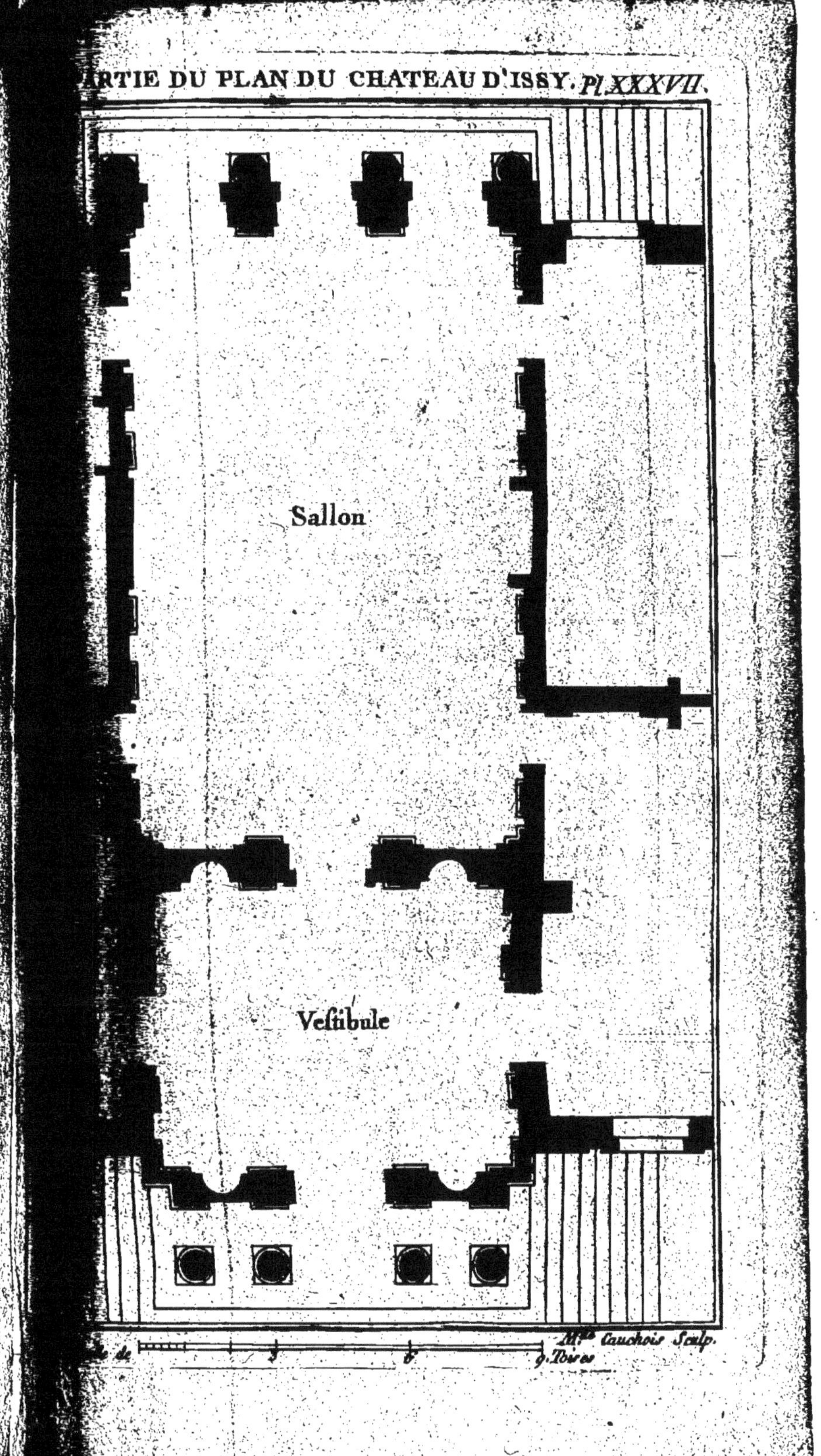
ARTIE DU PLAN DU CHATEAU D'ISSY. Pl. XXXVII.
Sallon
Vestibule
M. Cauchois Sculp.
Toises

DÉCORATION DU VESTIBULE DU CHATEAU D'ISSY.

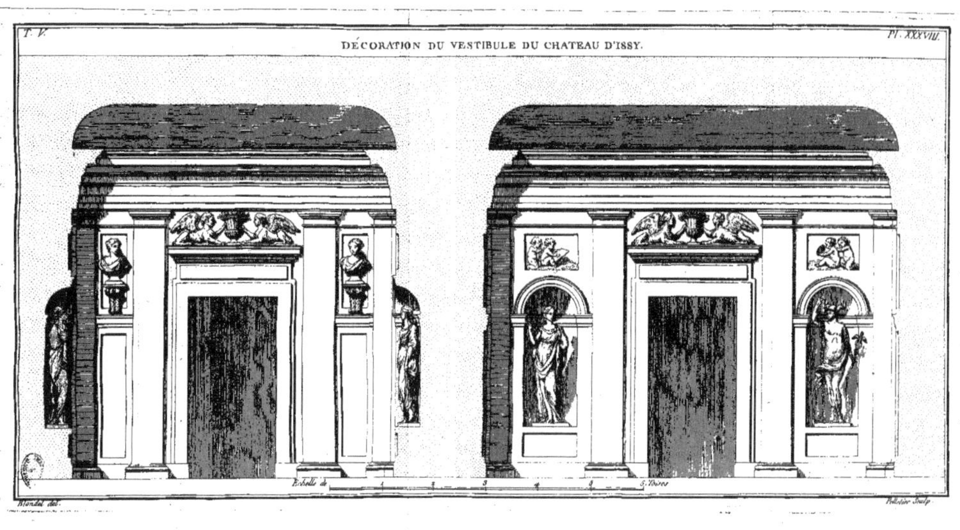

Blondel del.   Pelletier Sculp.

Tom.

Blo

DIFFERENS PLANS DE VESTIBULE.

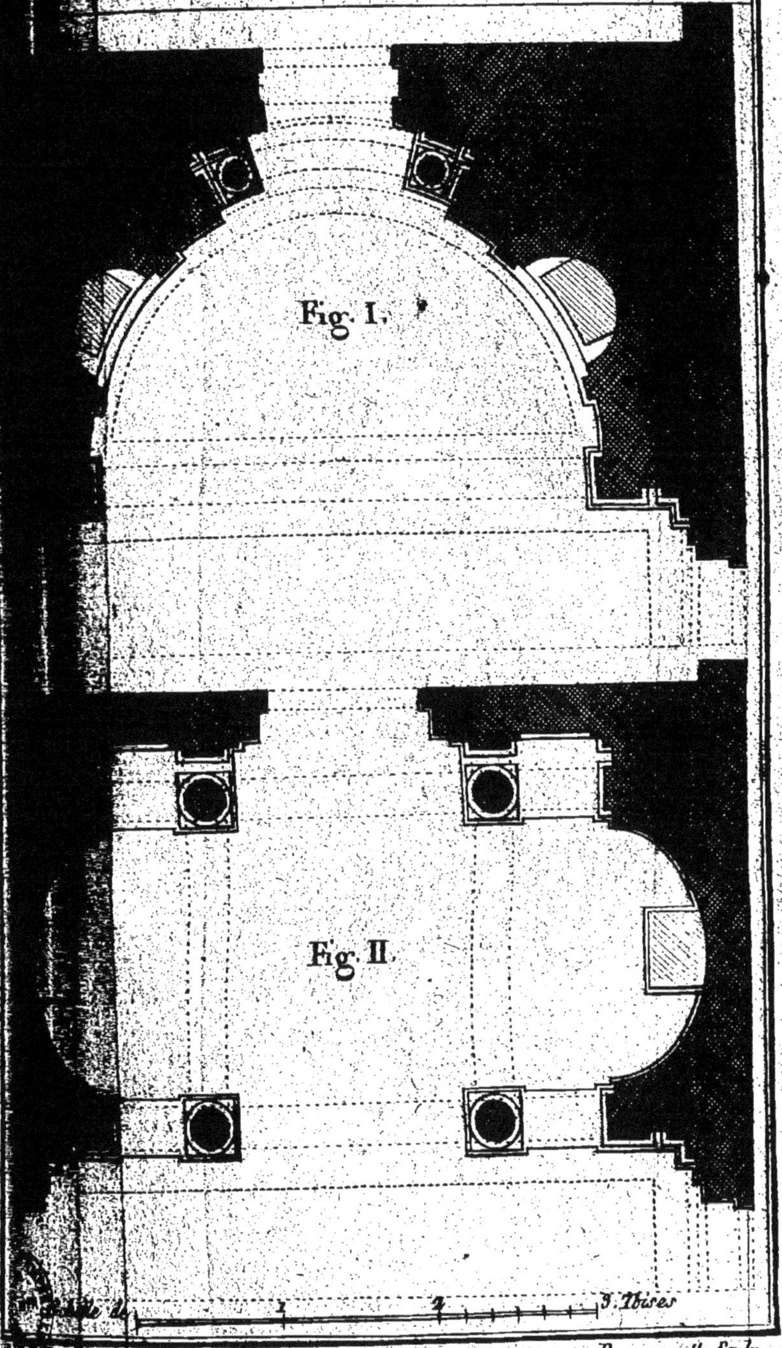

Fig. I.

Fig. II

3. Toises

Ransonnette Sculp.

DÉCORATION D'UN VESTIBULE.

Blondel del. inv.

Sellier Sculp.

AUTRE DÉCORATION D'UN VESTIBULE.

Blondel inv.

Sellier Sculp.

Tom.
Toute

PLAN D'UNE ANTICHAMBRE SERVANT DE SALLE.
A MANGER.

DÉCORATION D'UNE ANTICHAMBRE SERVANT DE SALLE A MANGER.
Echelle de
2. Toises
Patte inv.
de la Gardette Sculp.

Tom

Pat

PLAN D'UNE SALLE DE COMPAGNIE.
B
D
E
G
A
Echelle de
1
2
3. Toises
Potte inv.
M.elle Cauchois Sculp.

DÉCORATION D'UNE SALLE DE COMPAGNIE.

Dessiné par P. Patte.

Gravé par N. Ransonnette, Graveur Ord.re de Monsieur.

PLAN D'UN SALLON.

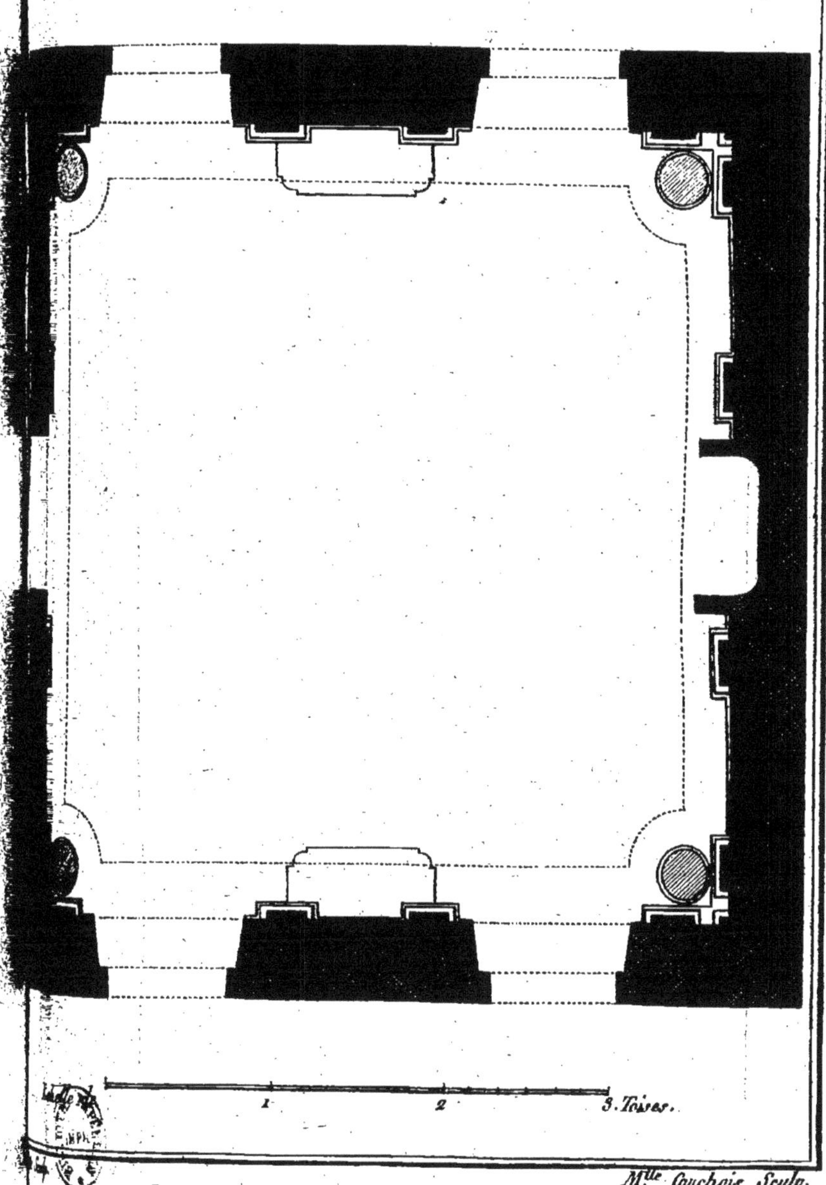

M.lle Couchois Sculp.

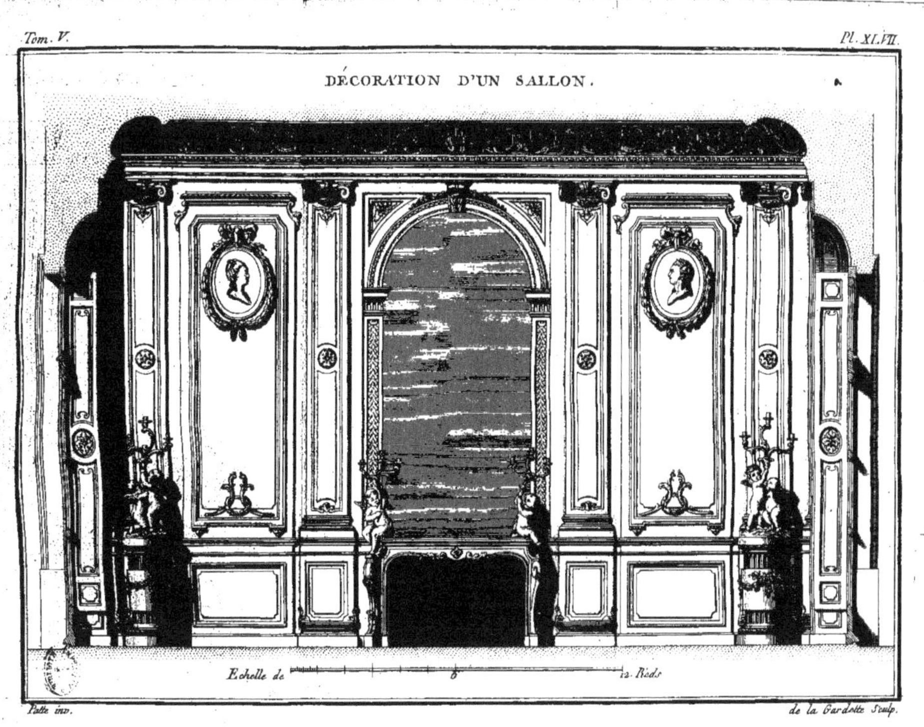

Patte inv.

de la Gardette Sculp.

Tom.
chelle

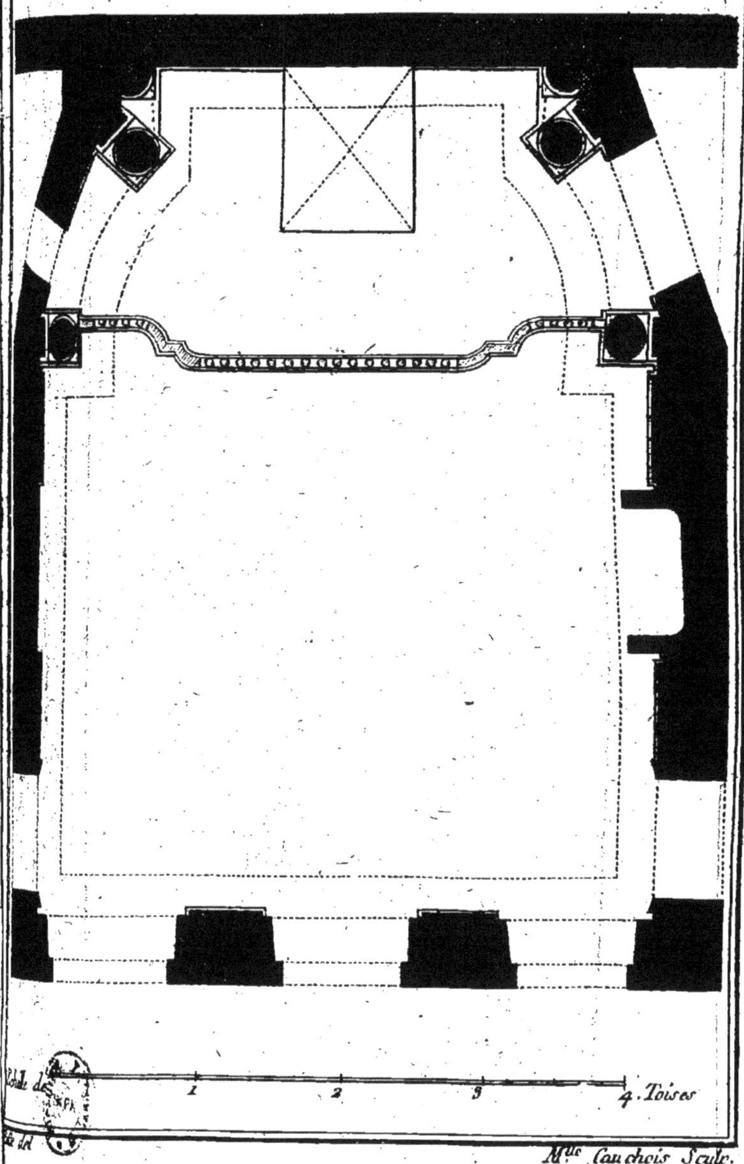

PLAN DE LA CHAMBRE DE PARADE
DU PALAIS ROYAL.
Echelle de
1 2 3 4.Toises
M.lle Cauchois Sculp.

DÉCORATION DE LA CHAMBRE DE PARADE DU PALAIS ROYAL VUE DU COTÉ DU LIT.

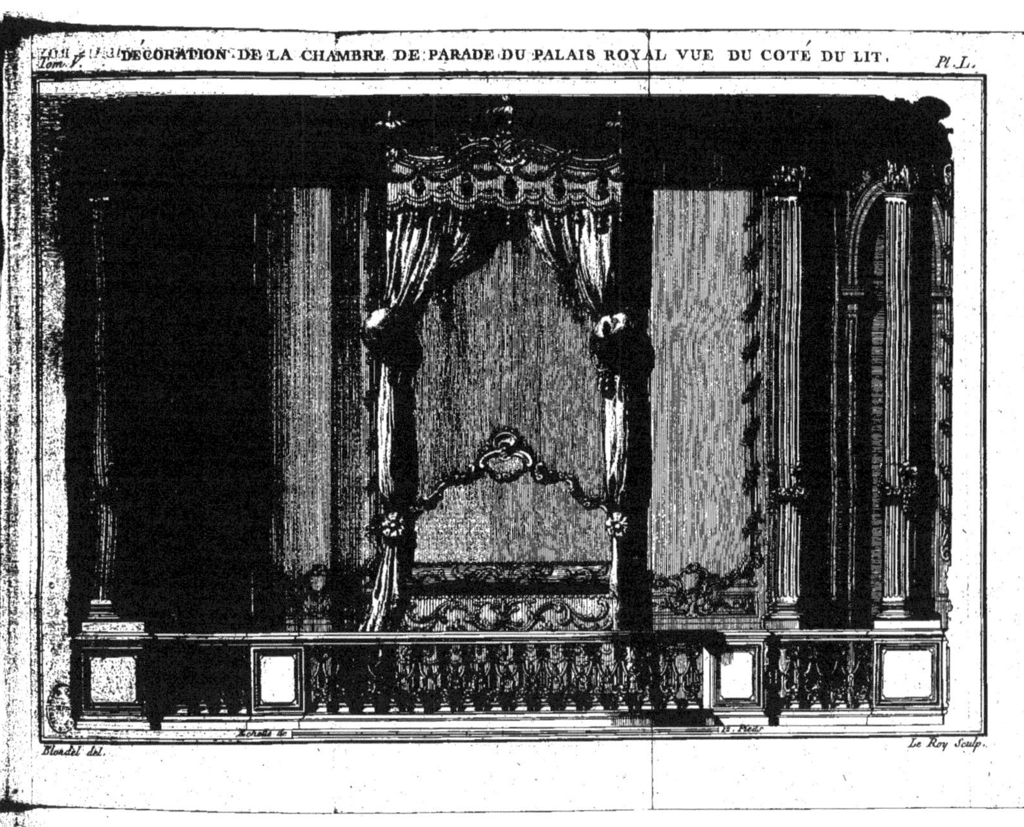

Blondel del.
Echelle de
13 Pieds
Le Roy sculp.

DÉCORATION D'UNE CHAMBRE A ALCOVE EXÉCUTÉE A L'HOTEL DE DEUX-PONTS.

Inventé par P. Patte.

Gravé par N. Ransonnette l.er Graveur de Monsieur frere du Roi.

DÉCORATION DE LA GALLERIE DE L'HOTEL DE TOULOUZE VUE SUR SA LARGEUR.
Blondel del.
Le Roy Sculp.
Echelle de
Toises

Blondel del.   Echelle de   1   2 Toises   le Roi Sculp.

DECORATION DE LA GALLERIE DU PALAIS ROYAL, VUE DU COTÉ DE LA CHEMINÉE.

Blondel del.

le Roi Sculp.

Echelle de ... 6. Toises.

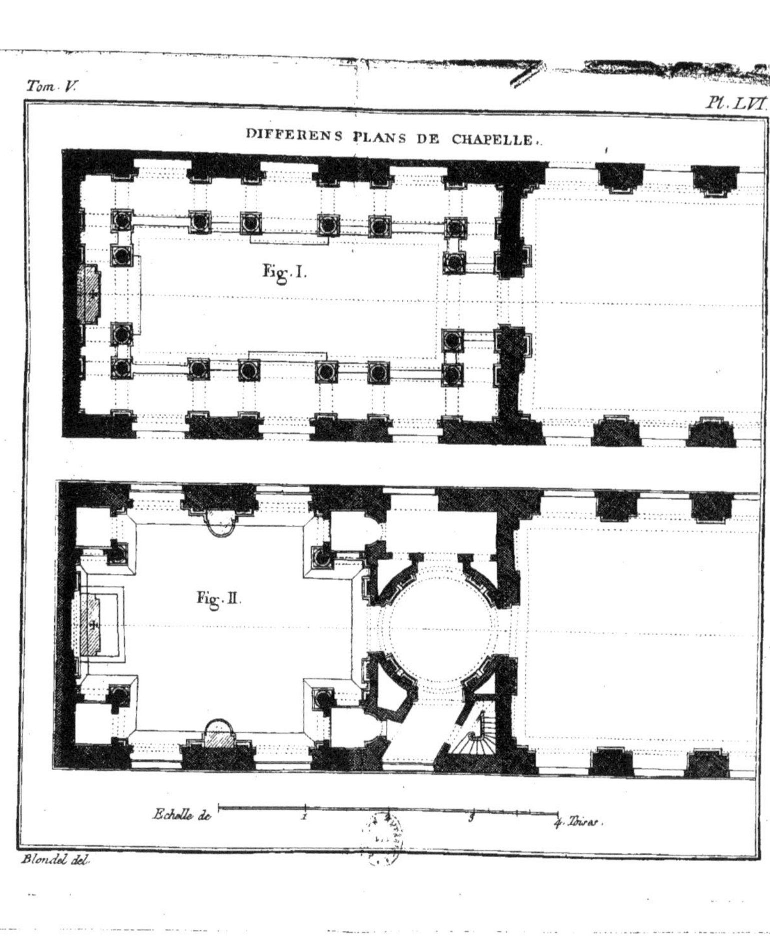
DIFFERENS PLANS DE CHAPELLE.
Fig. I.
Fig. II.
Echelle de
1
3
4. Toises.

DÉCORATION D'UNE CHAPELLE ET D'UNE GALLERIE QUI Y CONDUIT.

DÉCORATION DU BOUT DE LA GALLERIE SERVANT D'ENTRÉE A LA CHAPELLE.

Blondel in.   Ransonnette Sculp.

DÉCORATION D'UN AUTRE PROJET DE CHAPELLE.

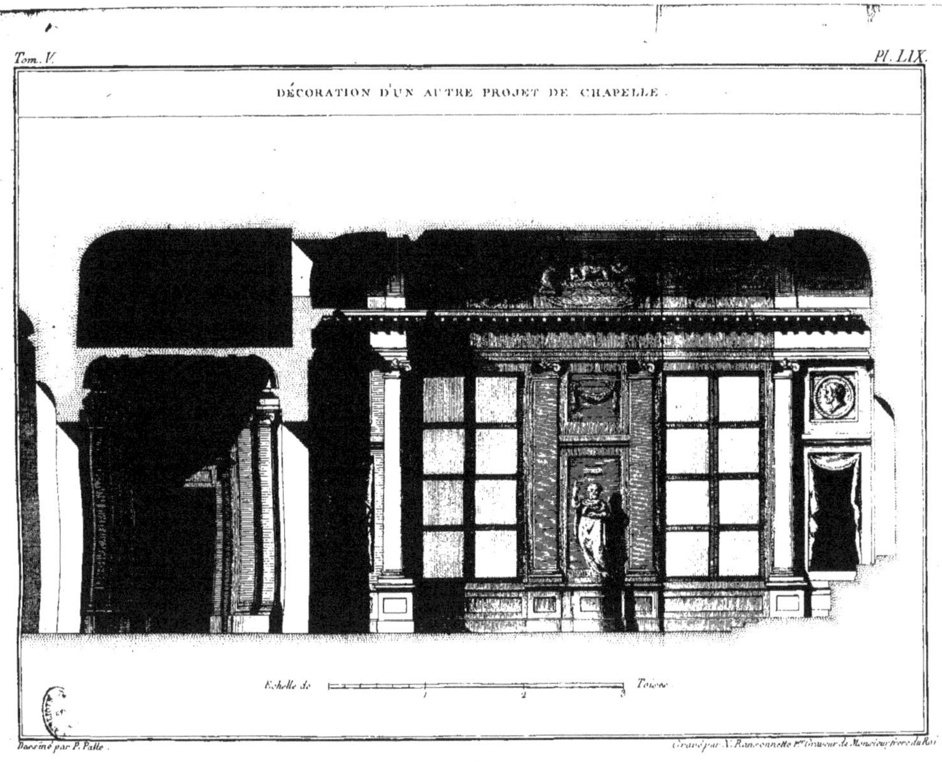

Dessiné par P. Patte.   Gravé par N. Ransonnette pr. Graveur de Monsieur frère du Roi.

PLAN D'UNE SALLE DES BAINS.

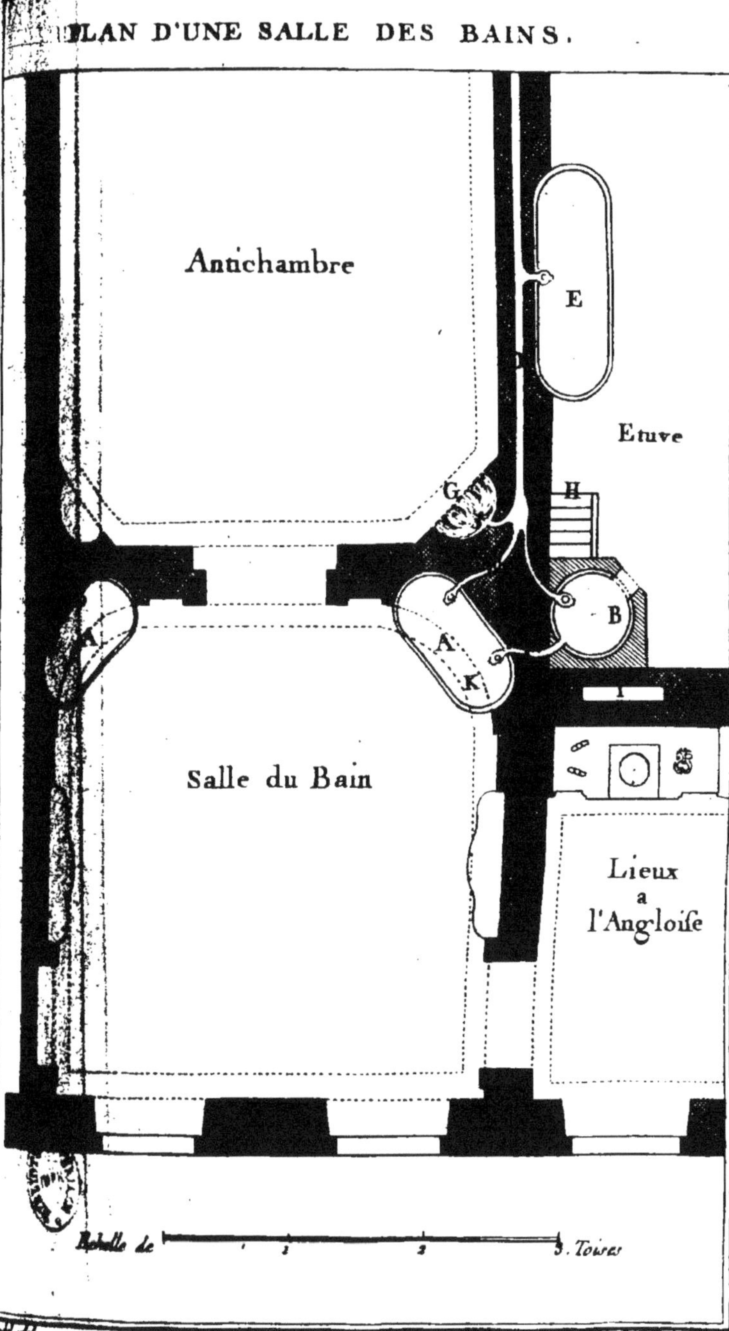

Z

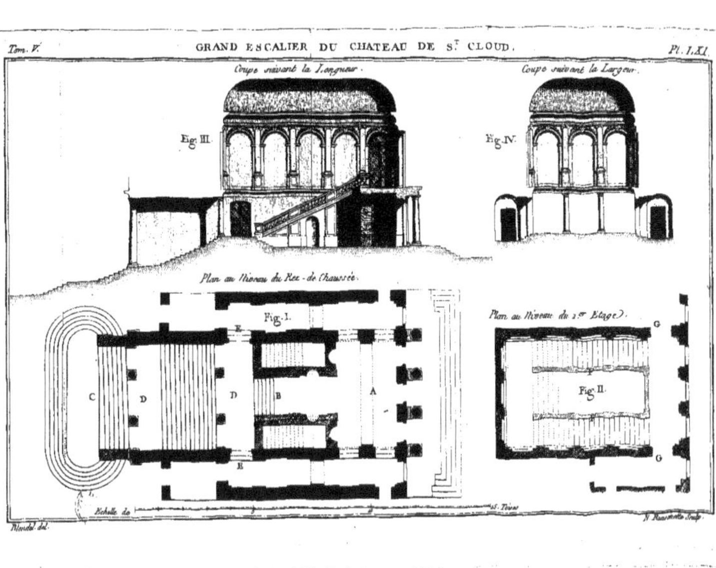
Coupe suivant la Longueur.
Fig. III.
Coupe suivant la Largeur.
Fig. IV.
Plan au Niveau du Rez-de-Chaussée.
Fig. I.
E
C D D B A
E
Plan au Niveau du 1er Etage.
G
Fig. II.
G
Echelle de
Toises.
Rondel del.
N. Ransonette Sculp.

PLAN D'UN ESCALIER POUR UN HOTEL ORDINAIRE

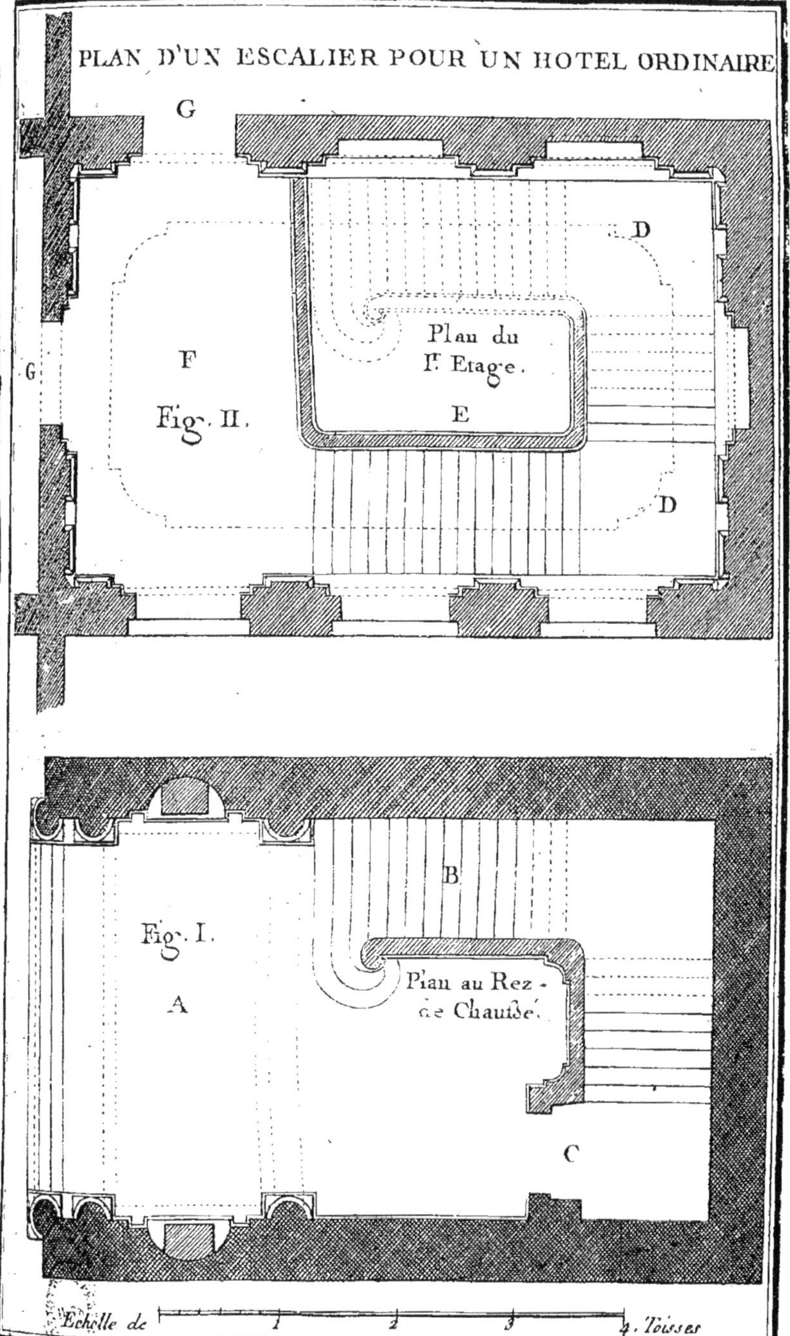

COUPE SUR LA LONGUEUR,

DE L'ESCALIER.

Patte inv.

de la Gardette Sculp.

DIFFERENTES CONSTRUCTIONS.

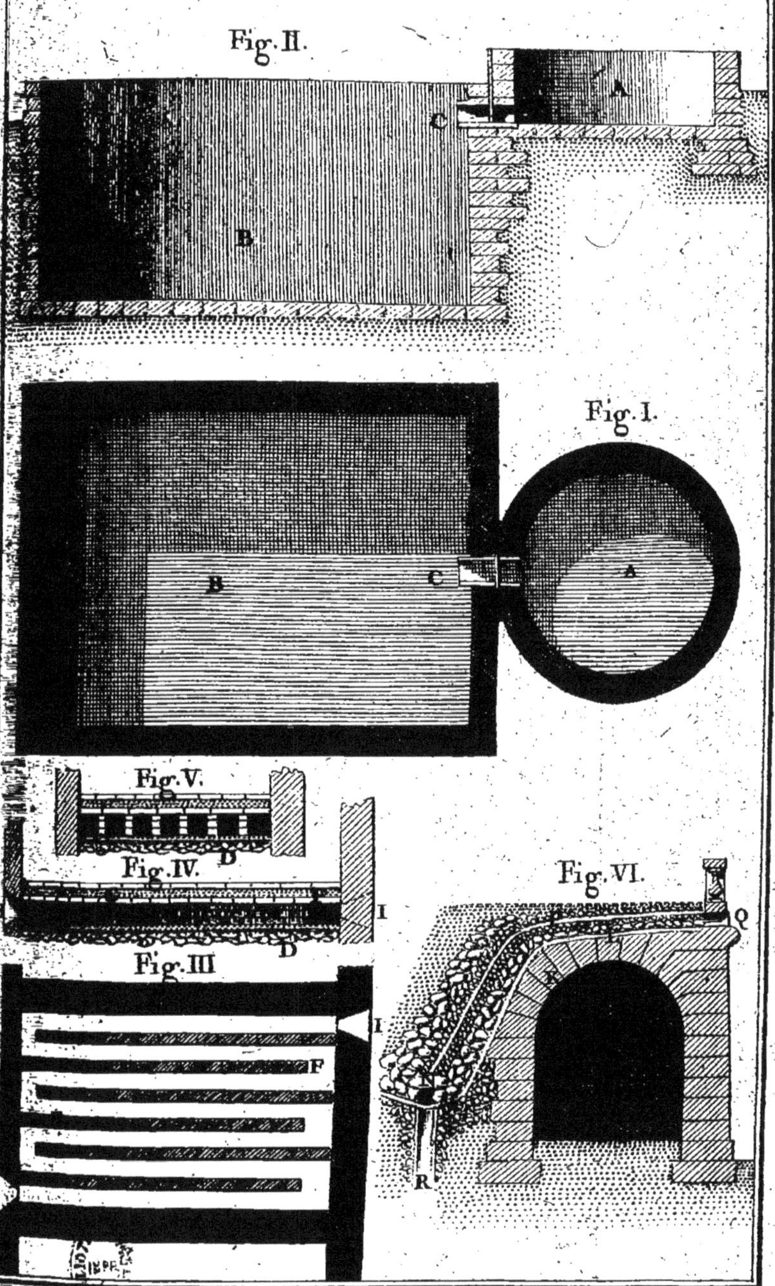

Fig. II.

Fig. I.

Fig. V.

Fig. IV.

Fig. III.

Fig. VI.

Gravé par N. Ransonnette, Graveur Ord.re de Monsieur.

CONSTRUCTION DES FONDEMENS D'UN BATIMENT.

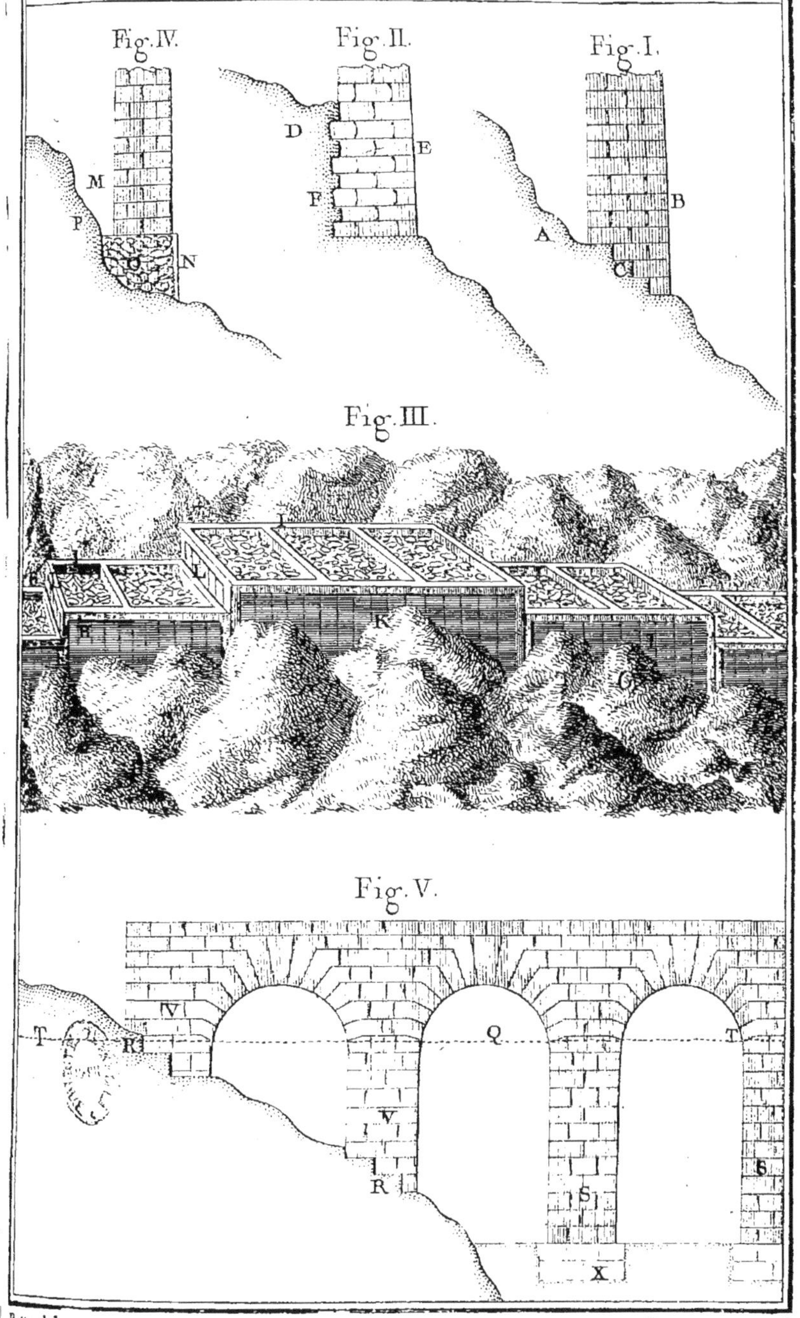

Patte del.

Ransonnette sculp.

CONSTRUCTION DES FONDEMENS.

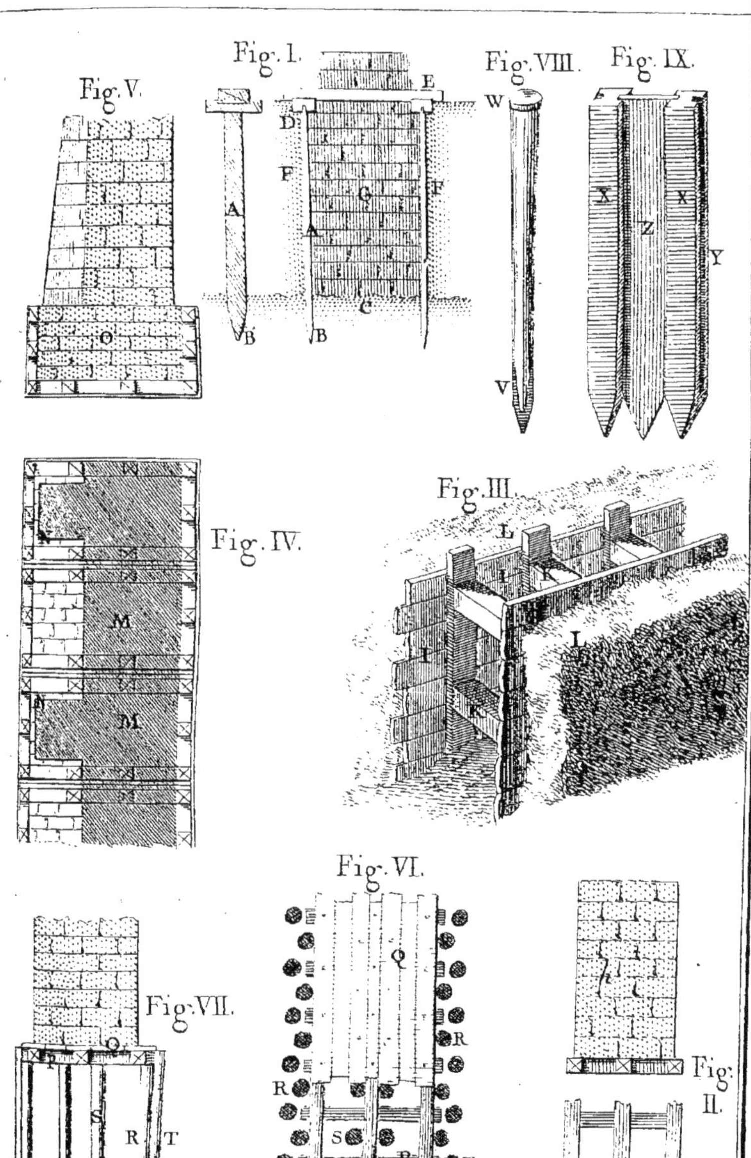

Dessiné par P. Patte.   Gravé par N. Ransonnette, Graveur Ord.re de Monsieur.

CONSTRUCTION DES FONDEMENS.

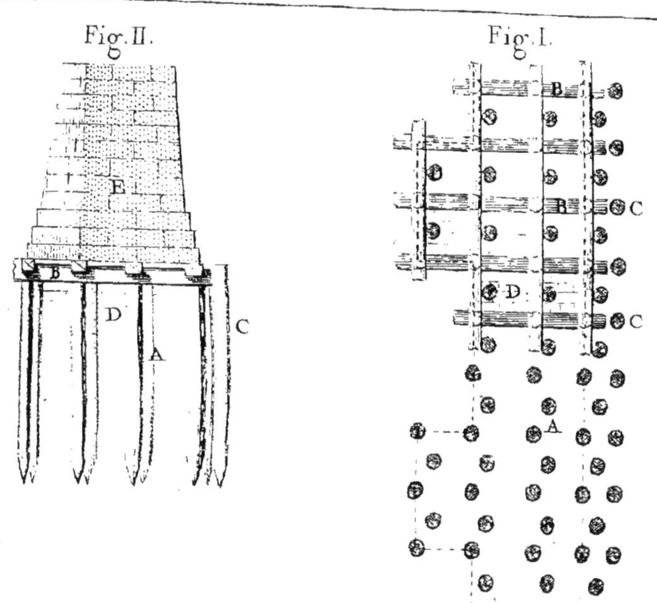

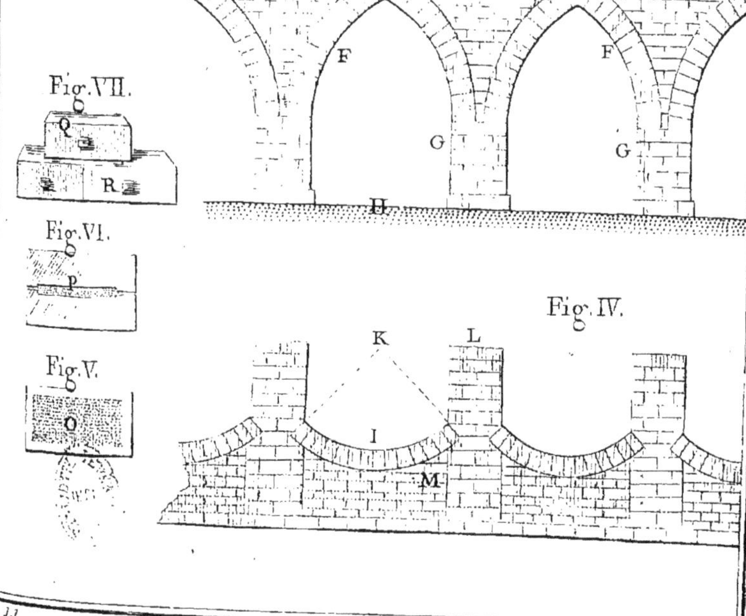

CONSTRUCTIONS DES ANCIENS.

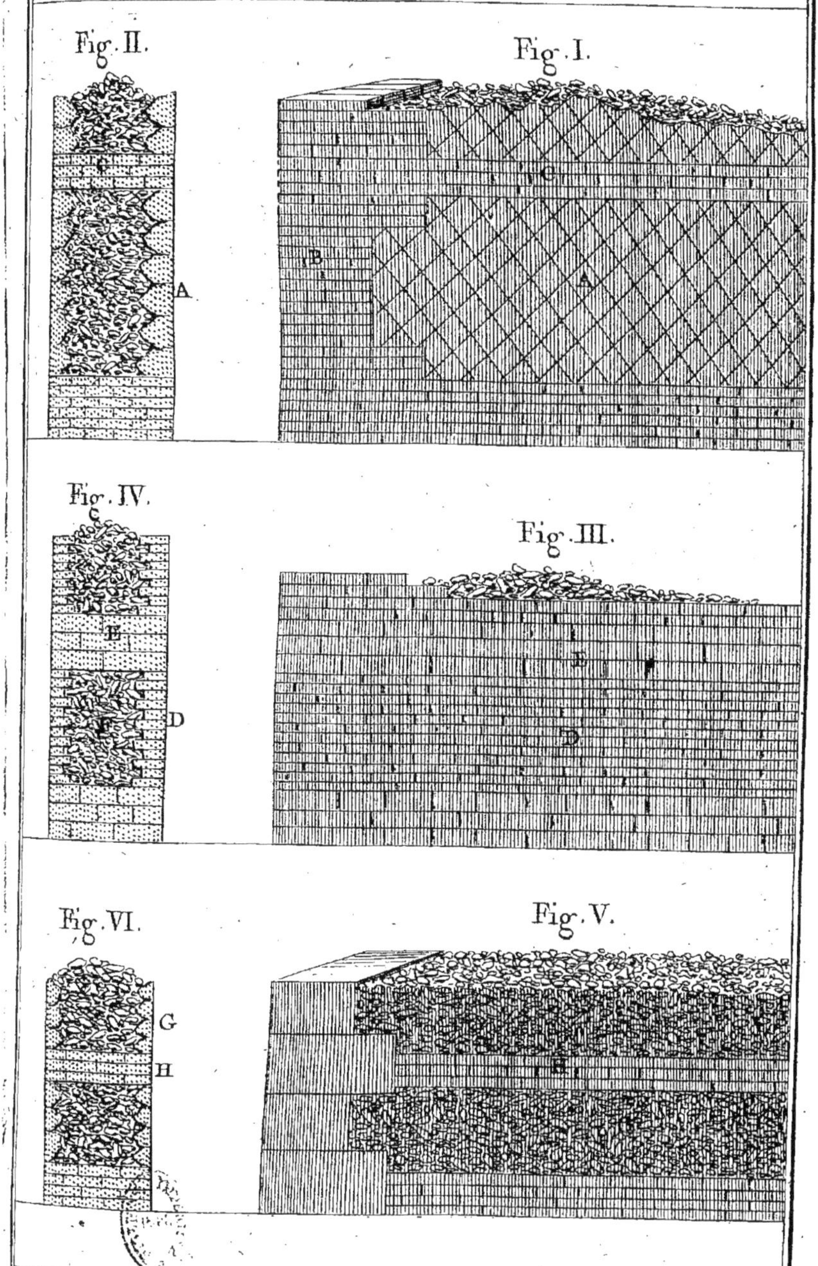
Fig. II.
Fig. I.
A
B
C
Fig. IV.
Fig. III.
E
D
F
Fig. VI.
Fig. V.
G
H

Dessiné par P. Patte.

Gravé par N. Ransonnette, Graveur de Monsieur.

CONSTRUCTIONS DES ANCIENS.

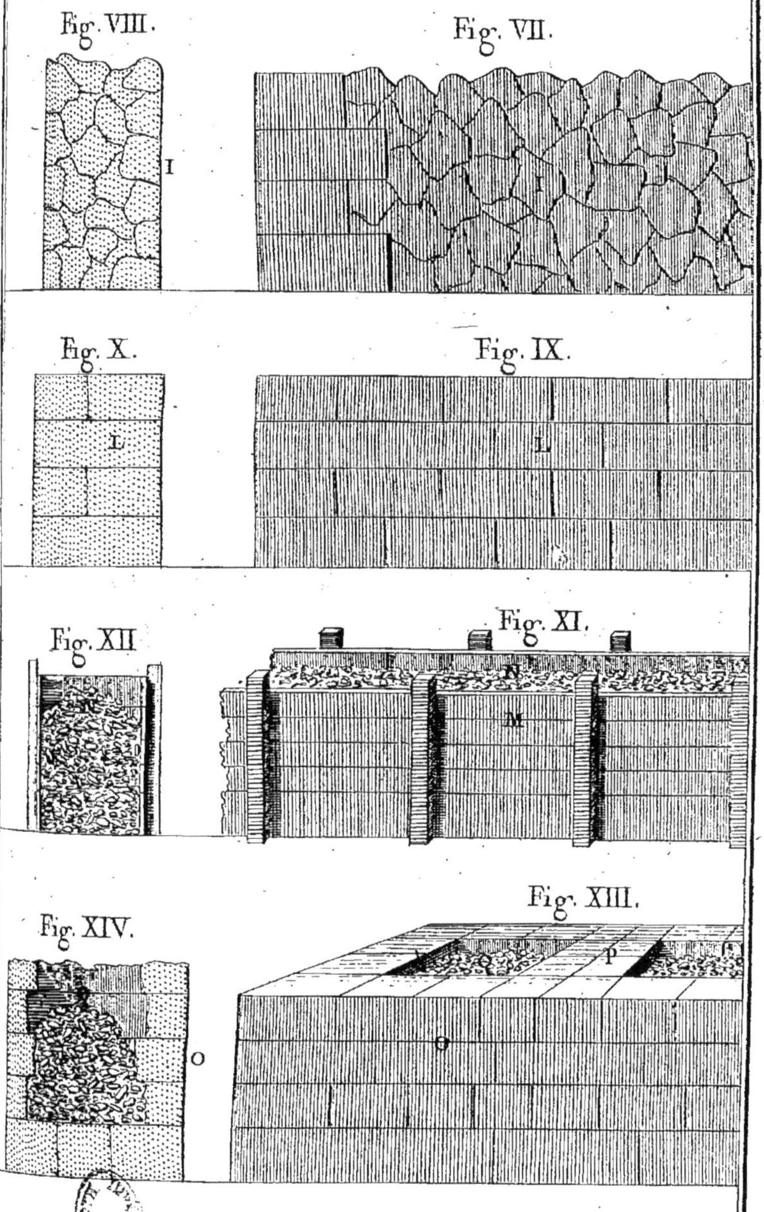
Fig. VIII.
I
Fig. VII.
I
Fig. X.
L
Fig. IX.
L
Fig. XII
Fig. XI.
N
M
Fig. XIV.
O
Fig. XIII.
P
O

Dessiné par P. Patte.　　Gravé par N. Ransonnette, Graveur de Monsieur.

FIGURES DES DIFFERENTES VOUTES.

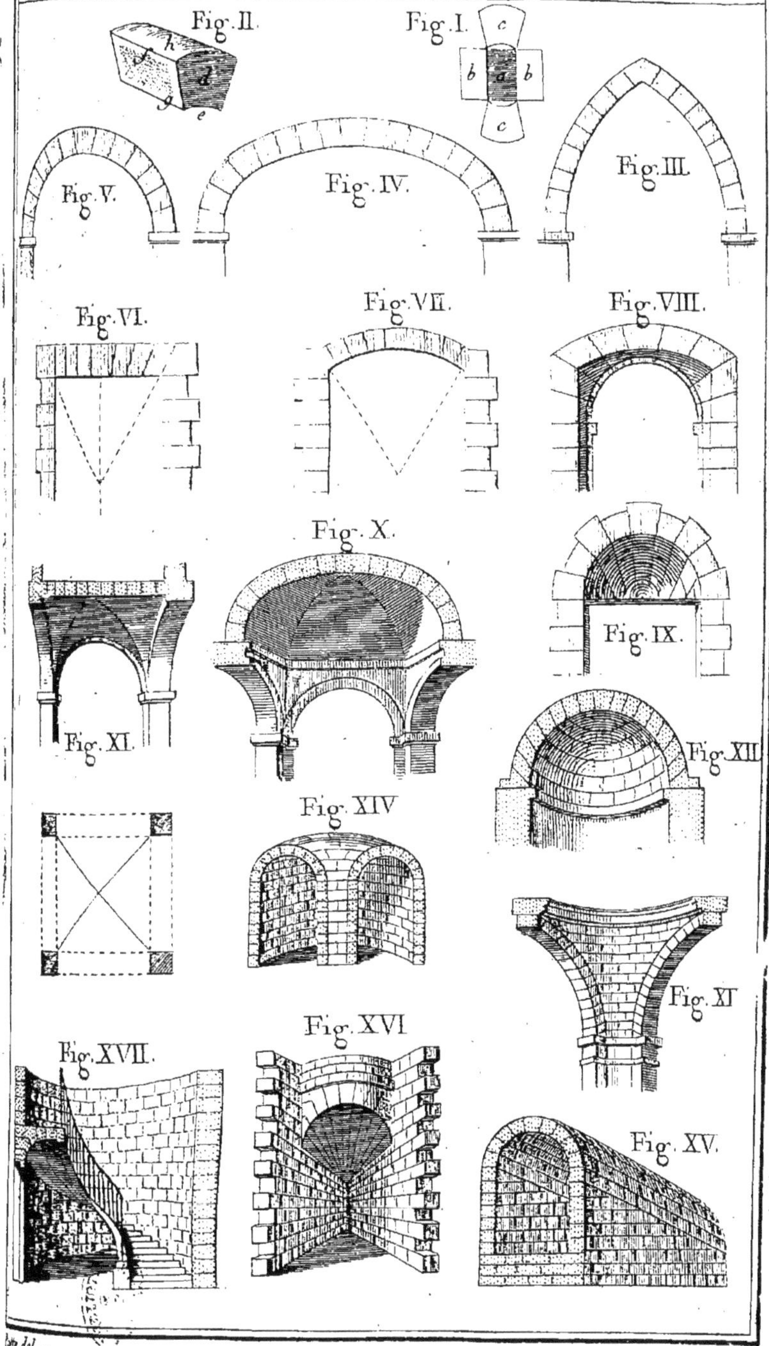

...tte del. Ransonnette Sculp.

OUTILS DES TAILLEURS DE PIERRE ET DES MAÇONS.

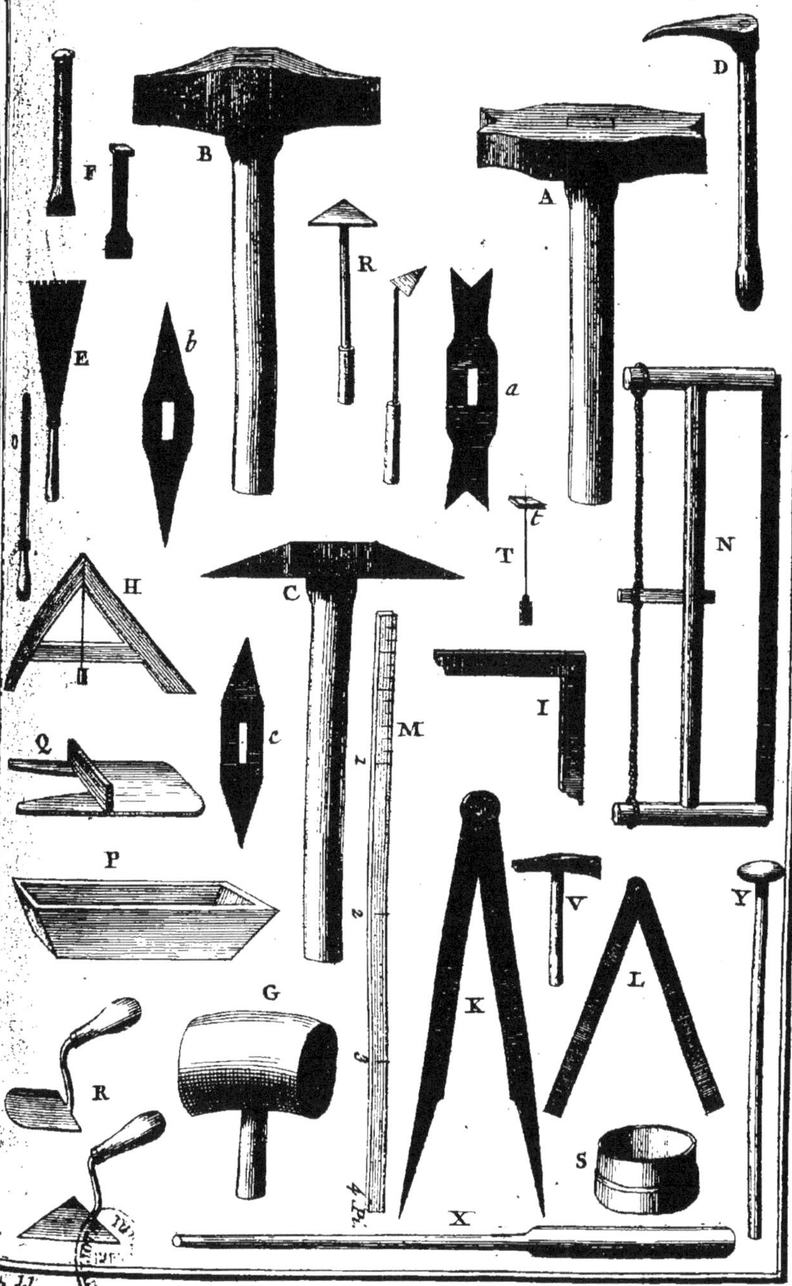

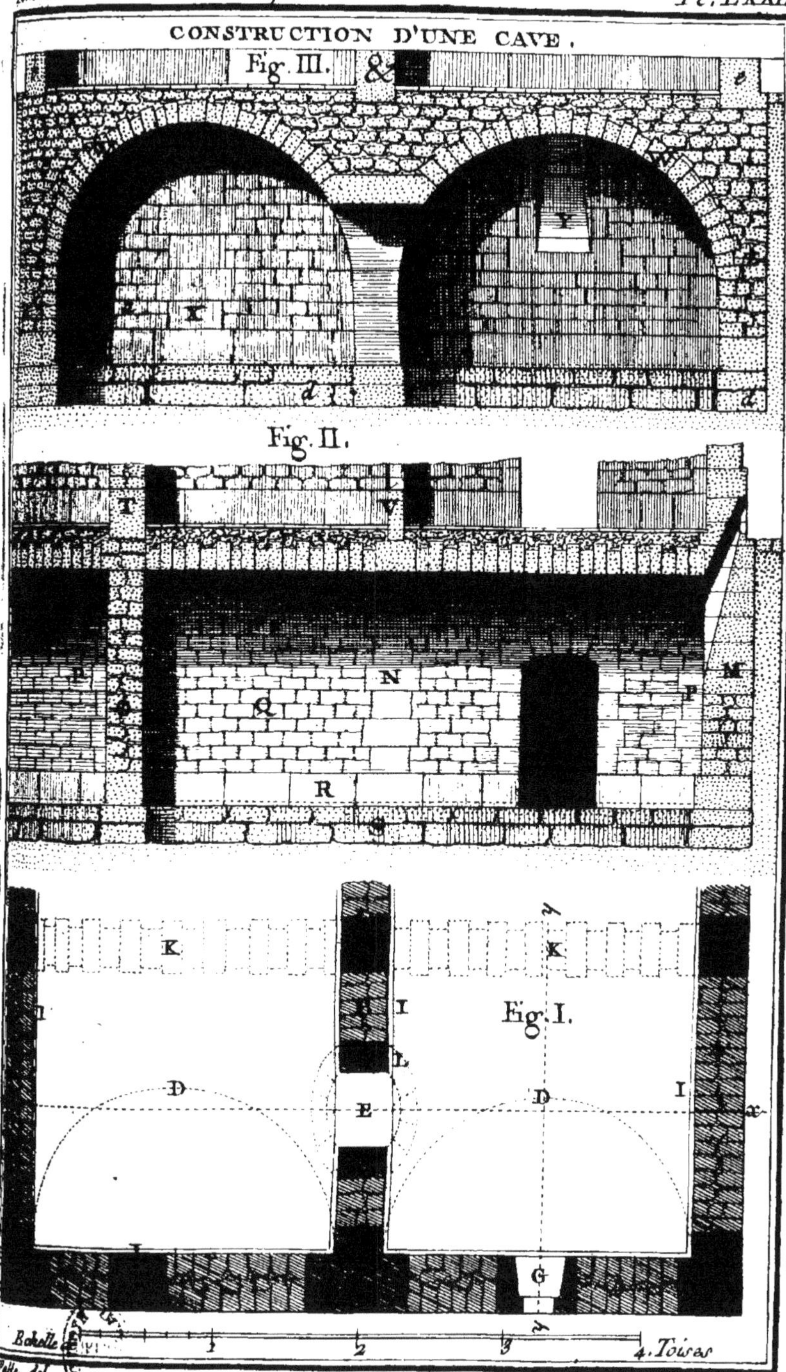
CONSTRUCTION D'UNE CAVE.
Fig. III.
Fig. II.
Fig. I.
Echelle
1
2
3
4. Toises
de la Gardette Sculp.

DÉTAILS DE CONSTRUCTION.

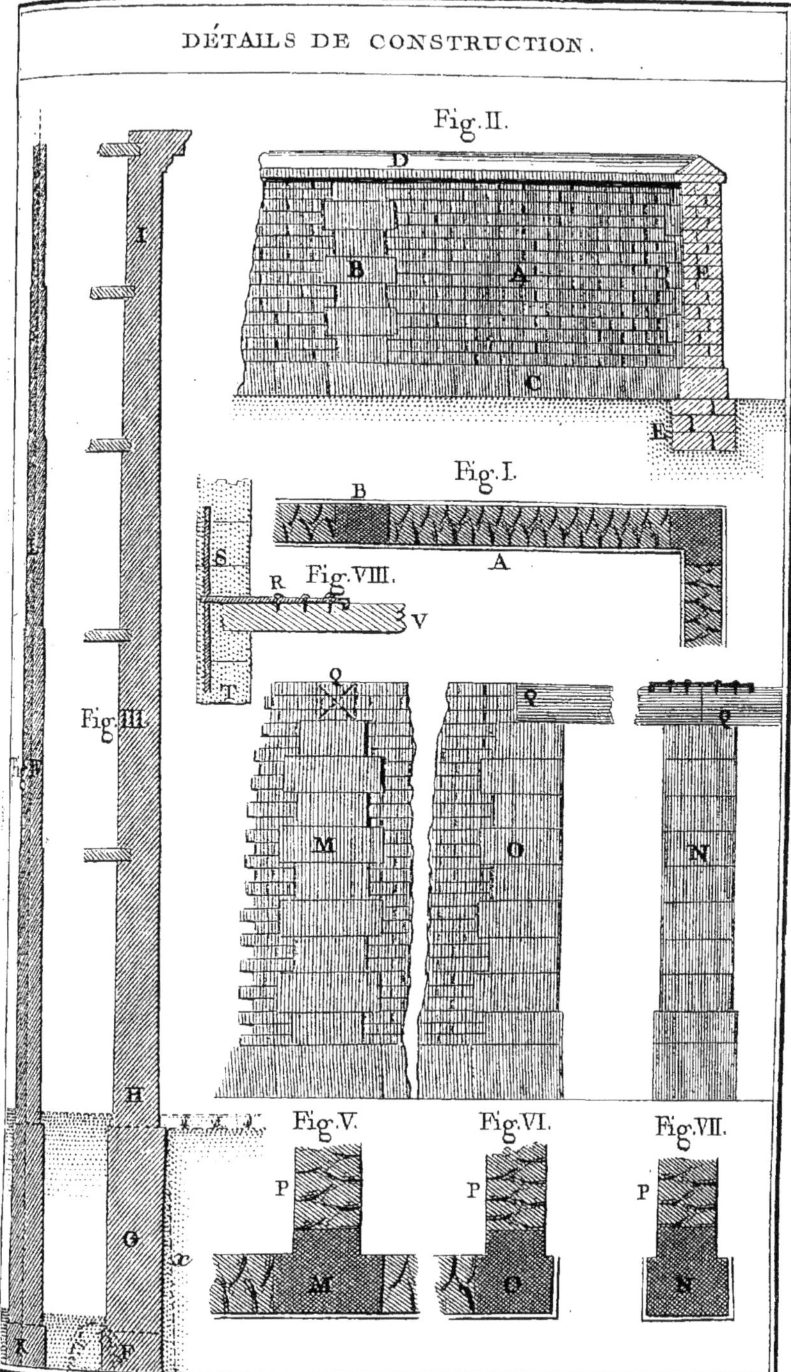

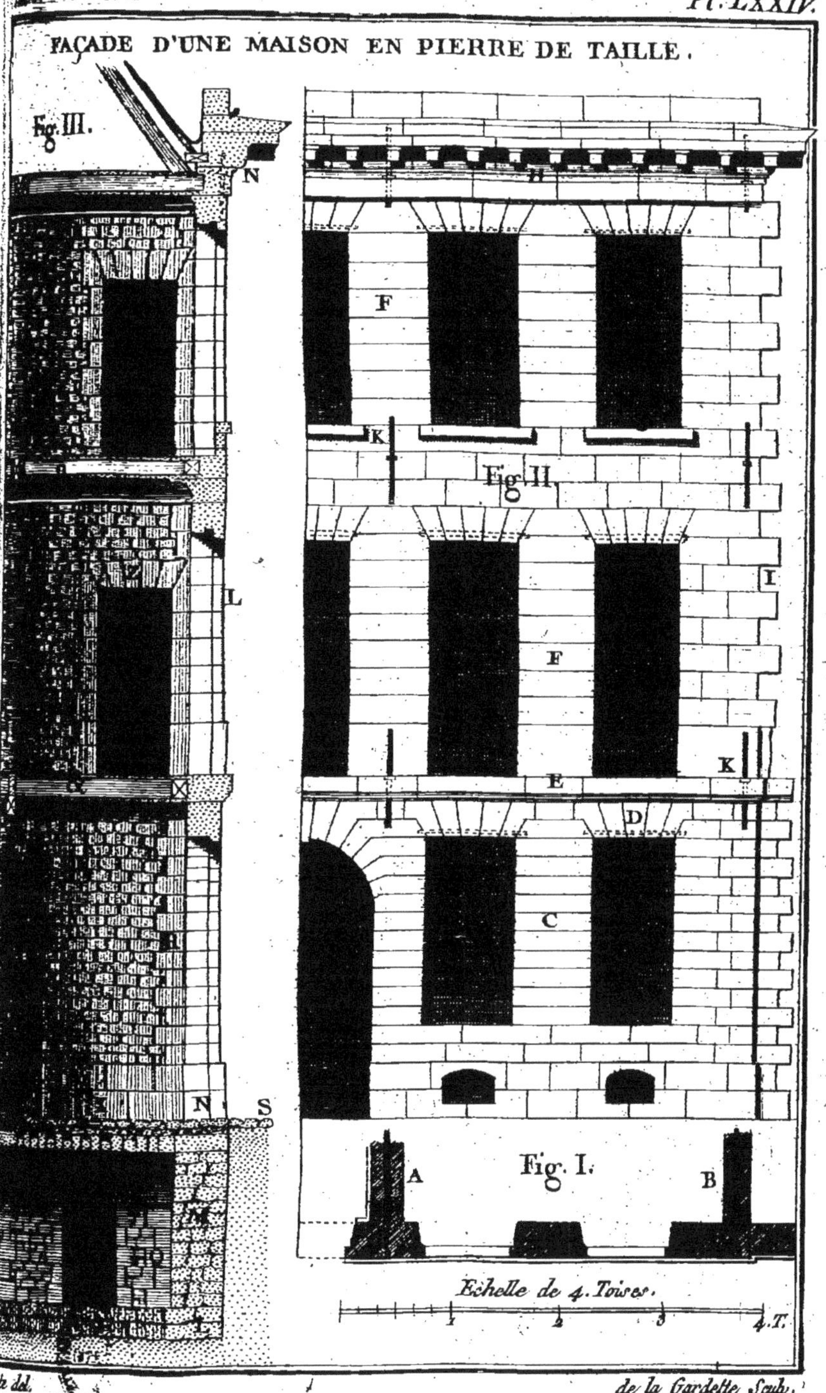
Pl. LXXIV.
FAÇADE D'UNE MAISON EN PIERRE DE TAILLE.
Fig. III.
N
L
N S
F
K
Fig. II
I
F
E
K
D
C
A
Fig. I.
B
Echelle de 4. Toises.
1   2   3   4. T.
lette del.
de la Gardette Sculp.

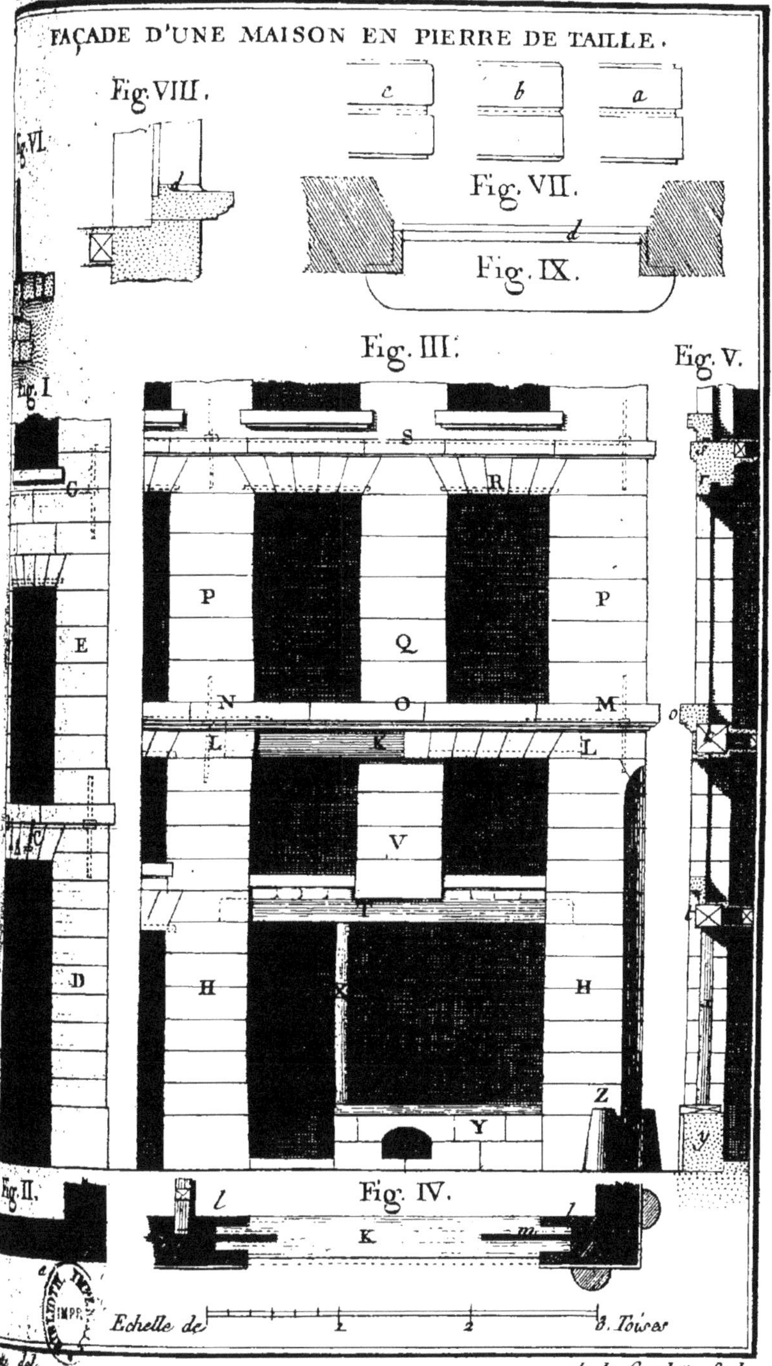

FAÇADE D'UNE MAISON EN PIERRE DE TAILLE.
Fig. VIII.
c
b
a
Fig. VI.
Fig. VII.
d
Fig. IX.
Fig. III.
Fig. V.
S
R
P
Q
P
N
O
M
o
L
K
L
V
T
H
X
H
Z
Y
y
Fig. II.
l
Fig. IV.
K
m
l
Echelle de
1
2
3. Toises
de la Gardette Sculp.

Fig. 6

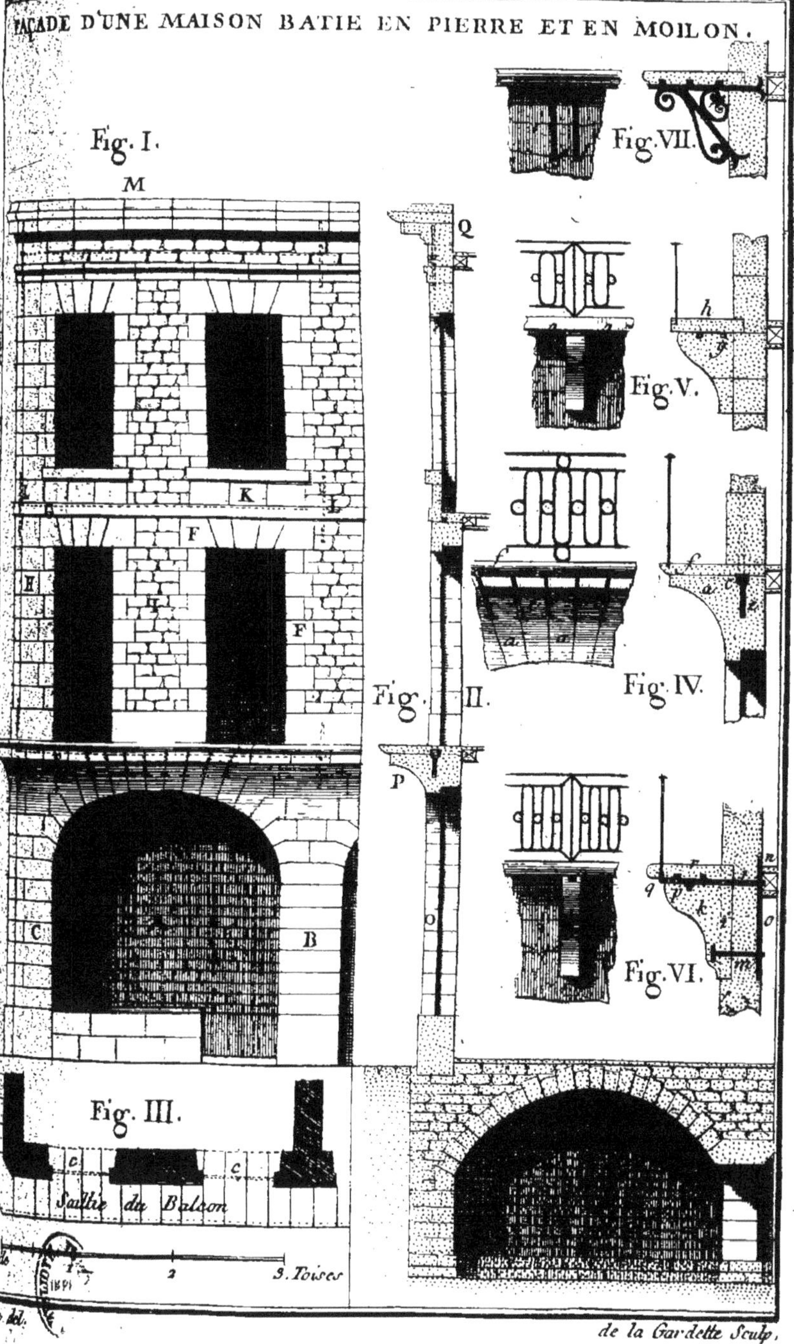
FAÇADE D'UNE MAISON BATIE EN PIERRE ET EN MOILON.
Fig. I.
M
K
F
E
F
C
B
Fig. II.
Q
P
o
Fig. III.
c
c
Saillie du Balcon
1
2
3. Toises.
Fig. VII.
Fig. V.
h
Fig. IV.
a
a
Fig. VI.
q
r
m
de la Gardette Sculp.

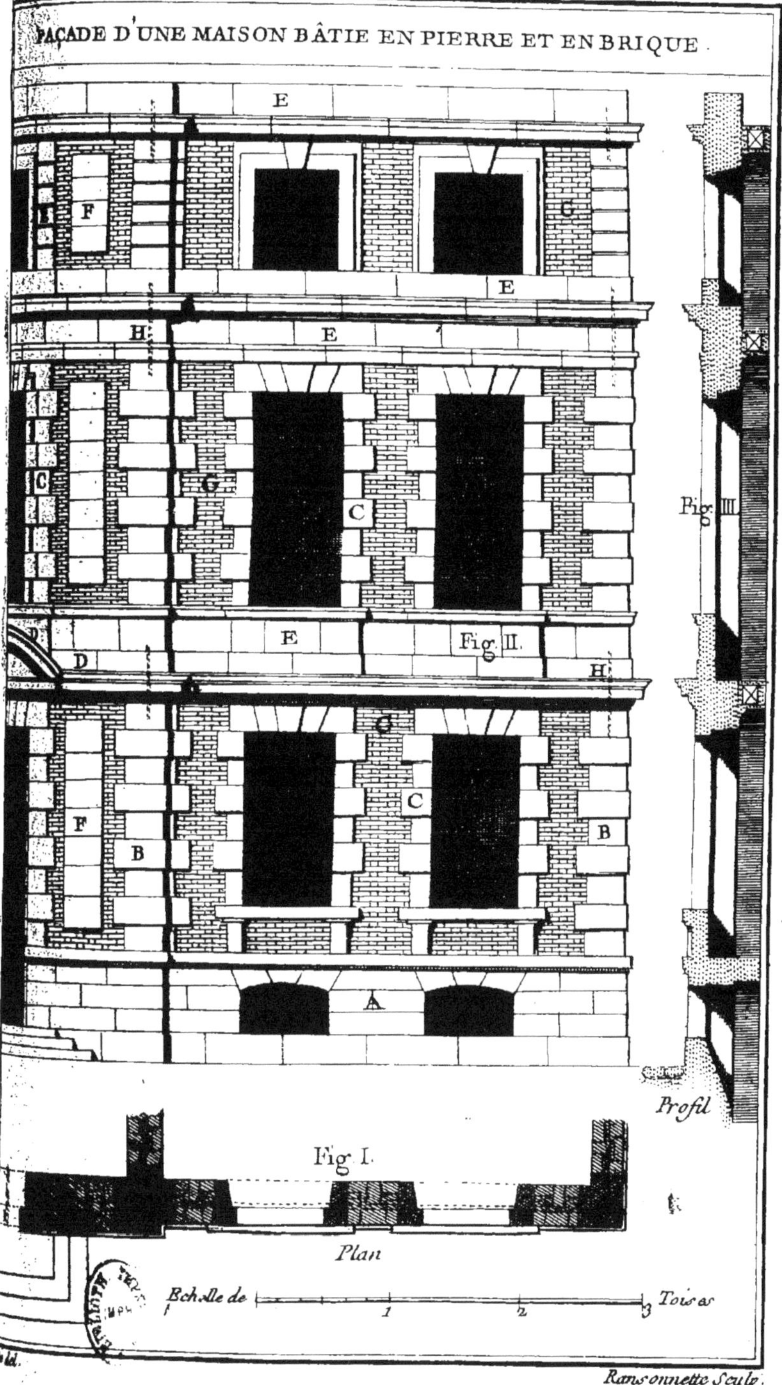

Ransonnette Sculp.

ette del. de la Gardette Sculp.

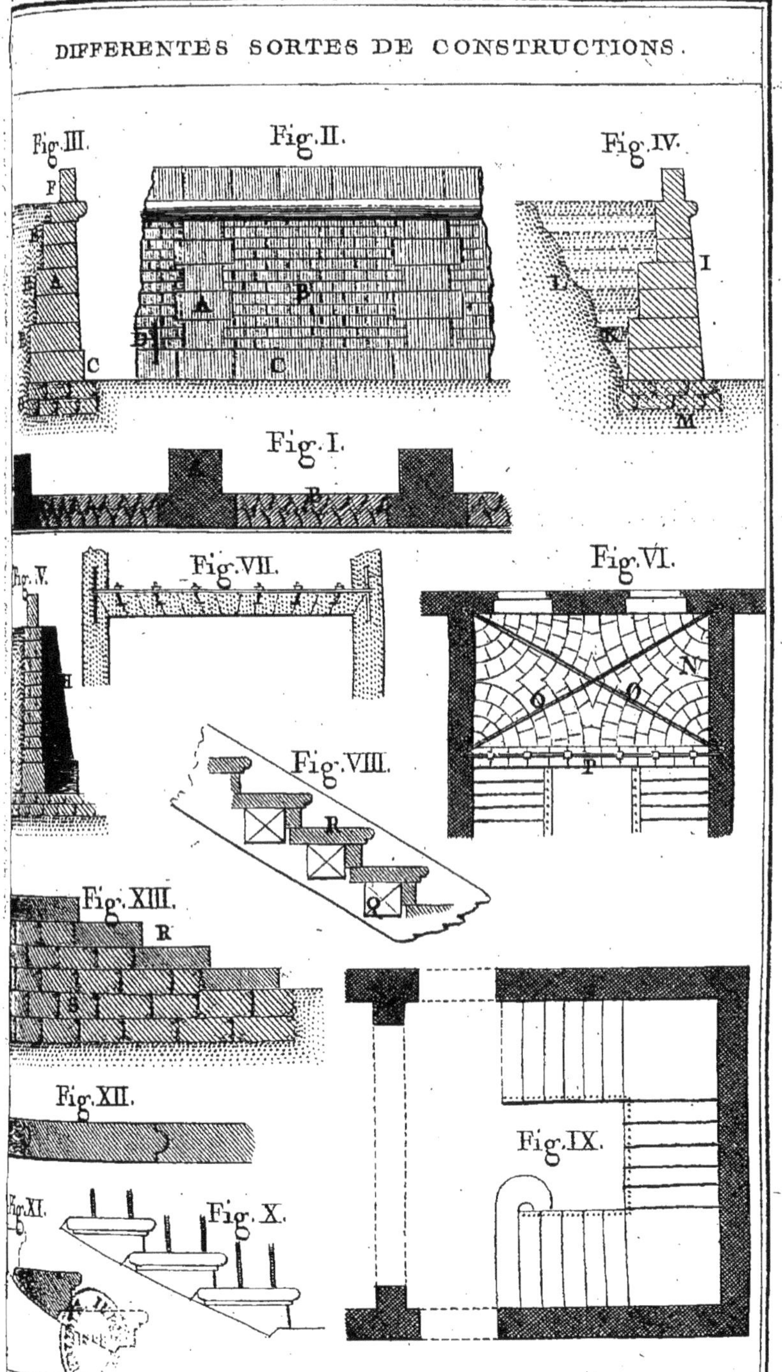

DIFFERENTES SORTES DE CONSTRUCTIONS.
Fig. III.
Fig. II.
Fig. IV.
Fig. I.
Fig. V.
Fig. VII.
Fig. VI.
Fig. VIII.
Fig. XIII.
Fig. XII.
Fig. XI.
Fig. X.
Fig. IX.

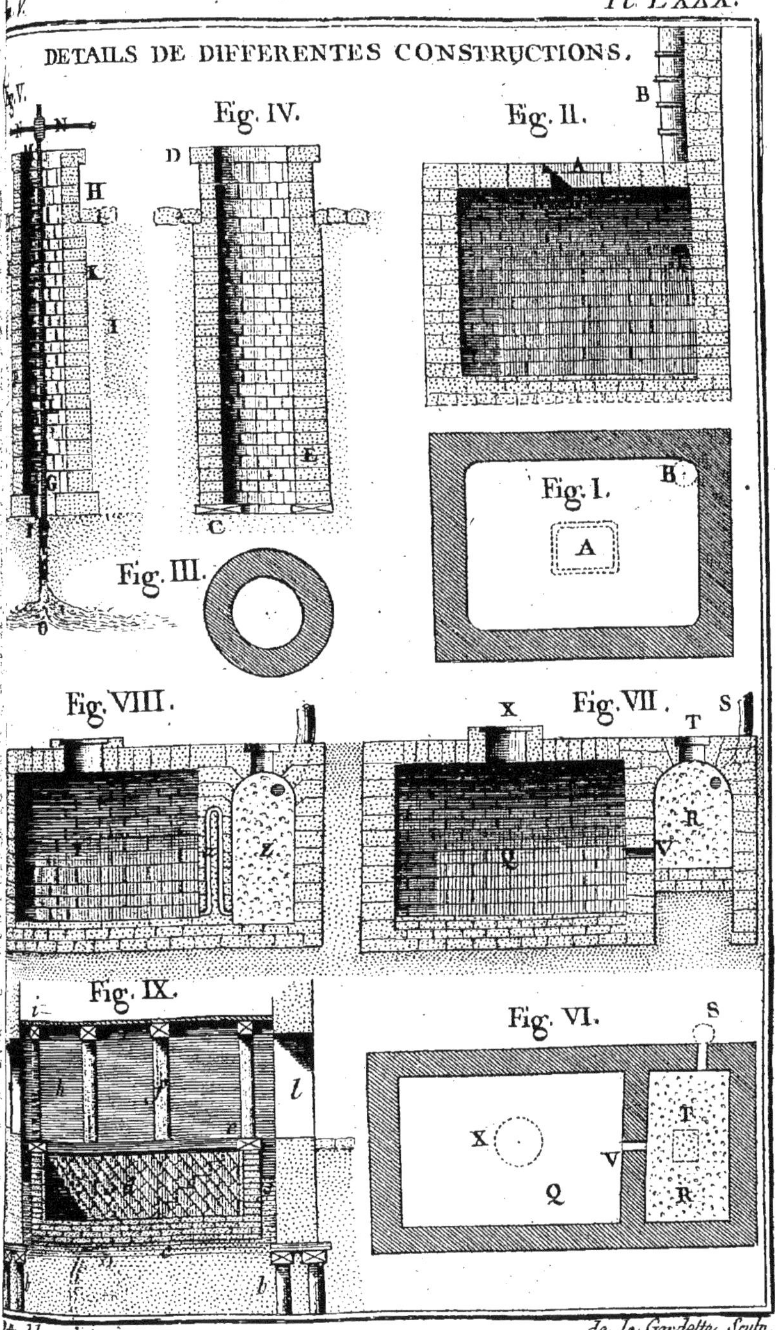

Pl. LXXX.
DETAILS DE DIFFERENTES CONSTRUCTIONS.
Fig. IV.
Fig. II.
Fig. I.
Fig. III.
Fig. VIII.
Fig. VII.
Fig. IX.
Fig. VI.
de la Gardette Sculp.

CONSTRUCTION DES BASSINS.

Fig. I.

Fig. II.

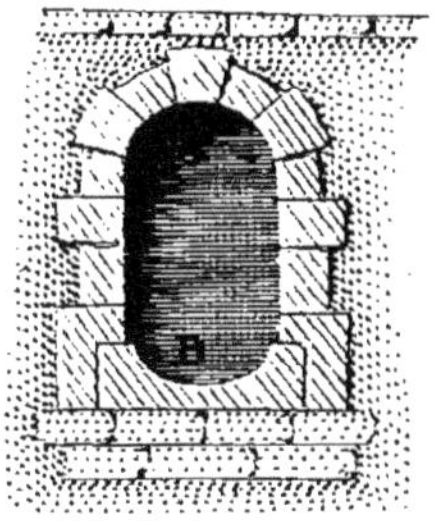

Fig. III.

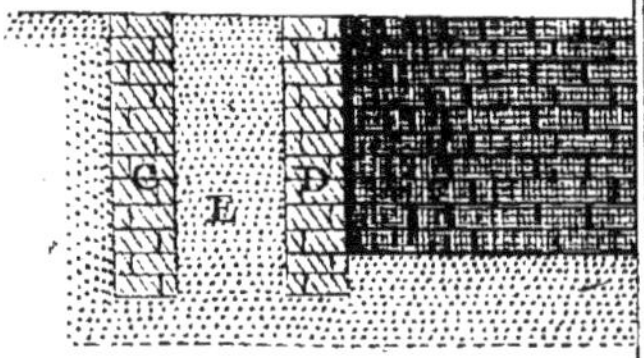

Fig. IV.

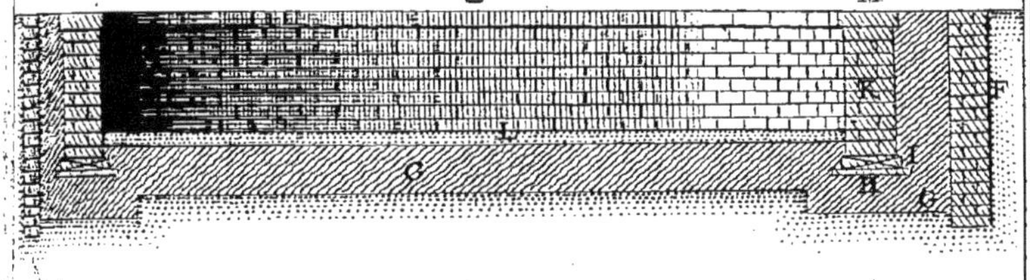

Fig. V.

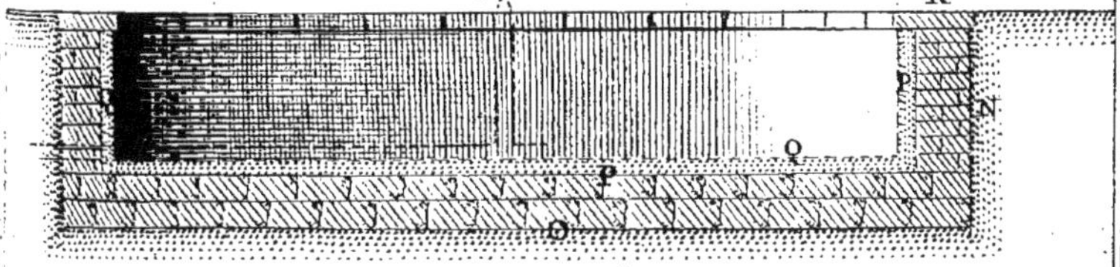

Fig. VI.

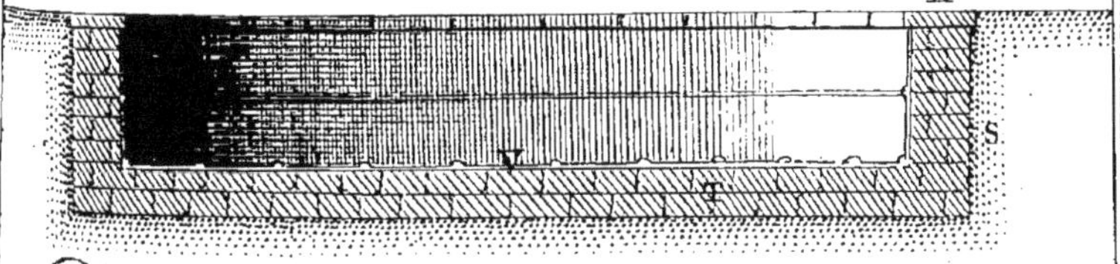

Echelle de 6 12 Pieds

Dessiné par P. Patte. Gravé par N. Ransonnette, Graveur de Monsieur.

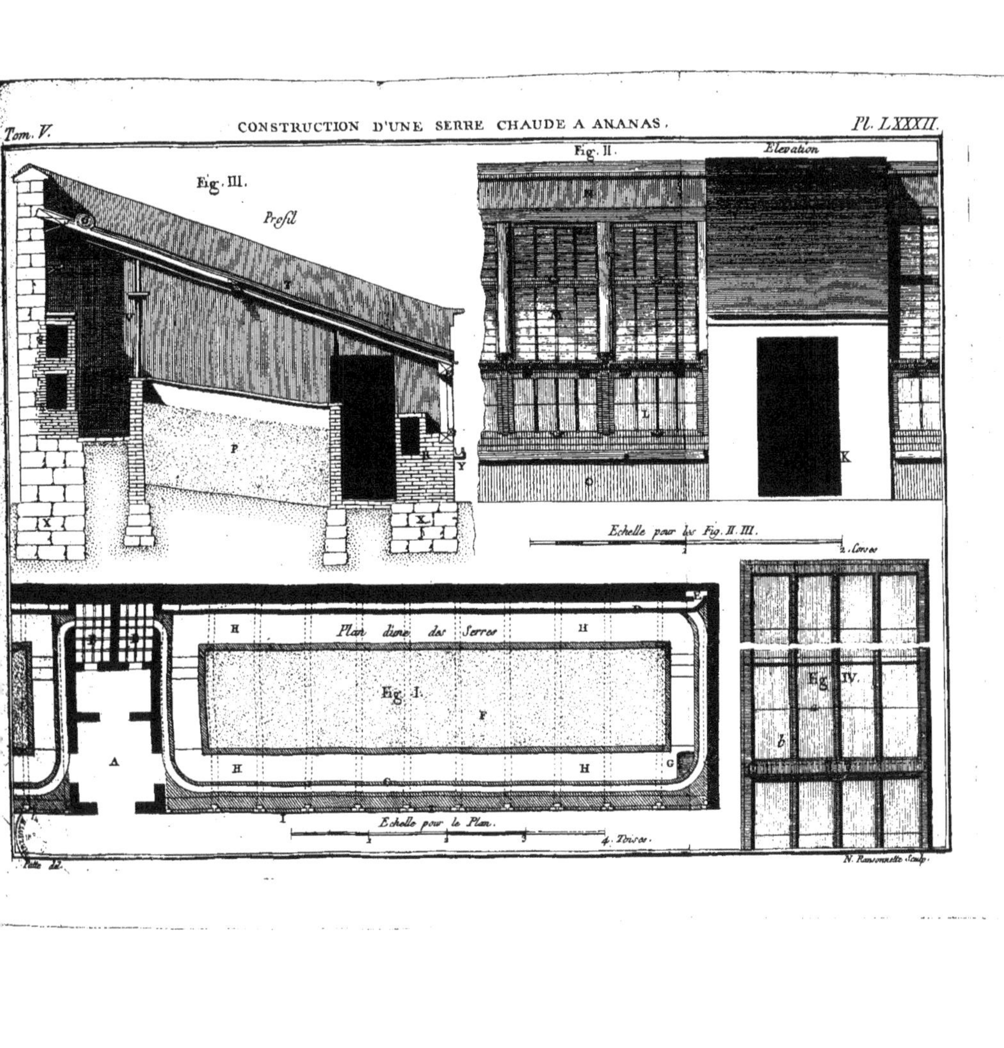
Fig. III.
Profil
Fig. II.
Elevation
Echelle pour les Fig. II. III.
2. Toises
Plan d'une des Serres
Fig. I.
F
H H
H H
A
G
I
Echelle pour le Plan.
4. Toises.
Fig. IV.
b
X
X
P
Y
K
Pelle del.
N. Ransonnette sculp.

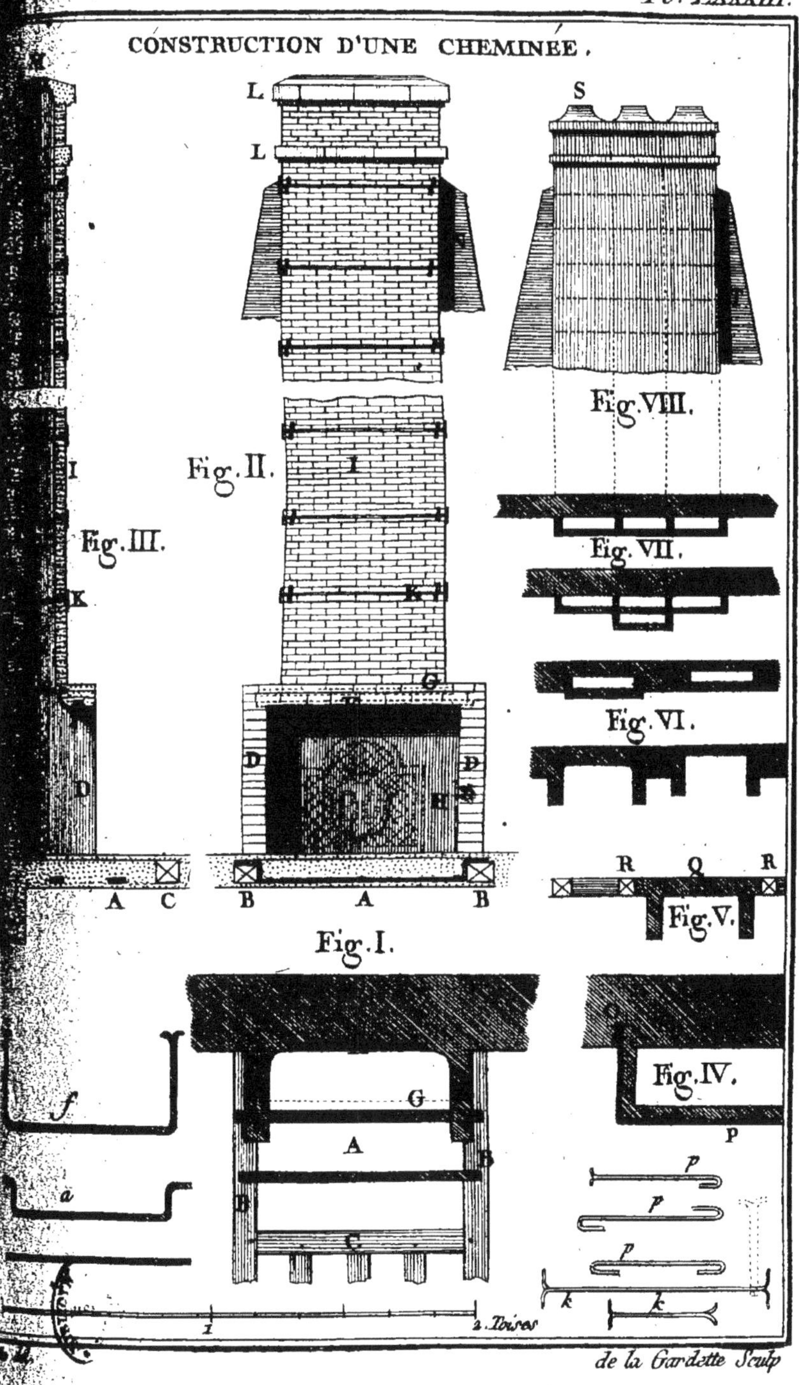
CONSTRUCTION D'UNE CHEMINÉE.
L
L
S
Fig. VIII.
Fig. II.
Fig. VII.
Fig. III.
K
I
K
Fig. VI.
D
D
O
H
R Q R
A C B A B
Fig. V.
Fig. I.
Fig. IV.
f
G
A B
a
B
C
p
p
p
i 2 Toises
k k
de la Gardette Sculp.

DIVERSES SORTES DE CONSTRUCTIONS.

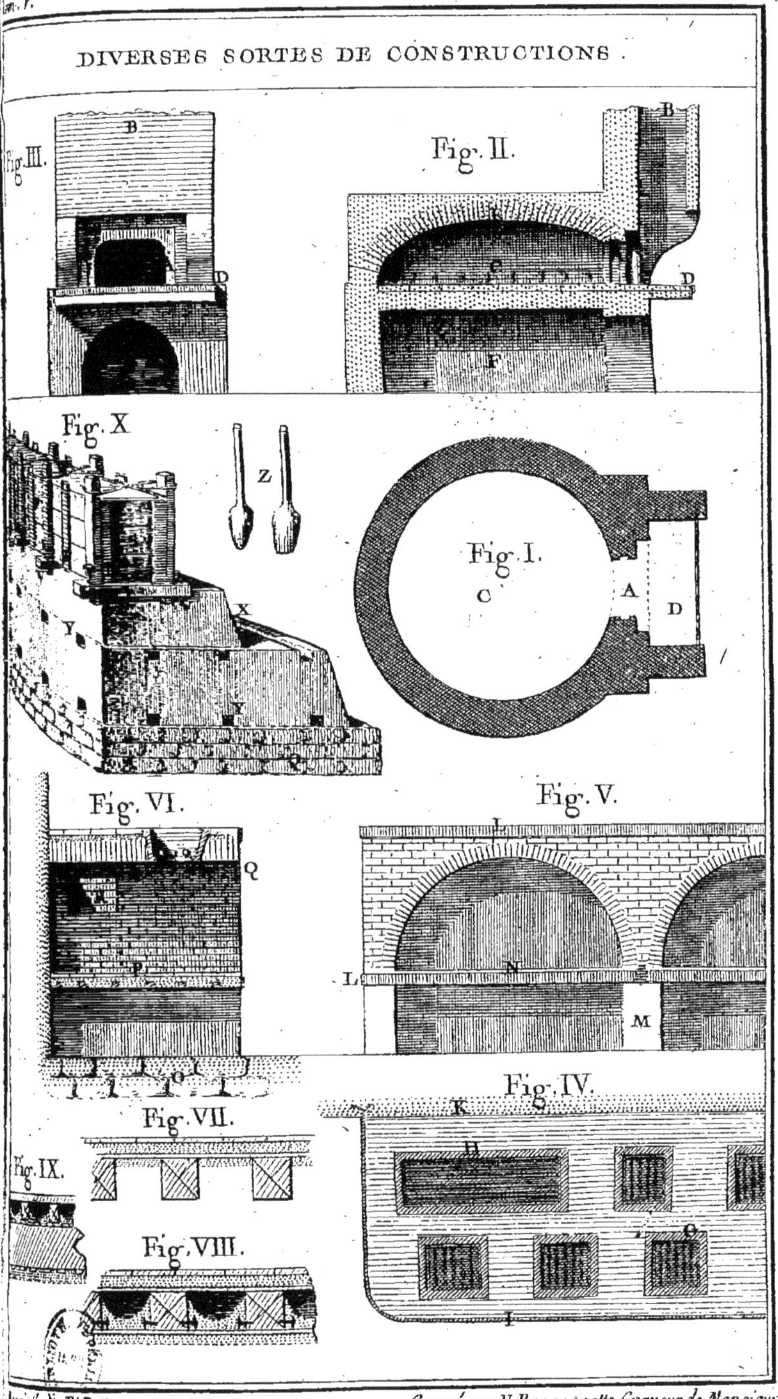

Dessiné par P. Patte.   Gravé par N. Ransonnette, Graveur de Monsieur.

MACHINES POUR LA CONSTRUCTION DES BÂTIMENS.

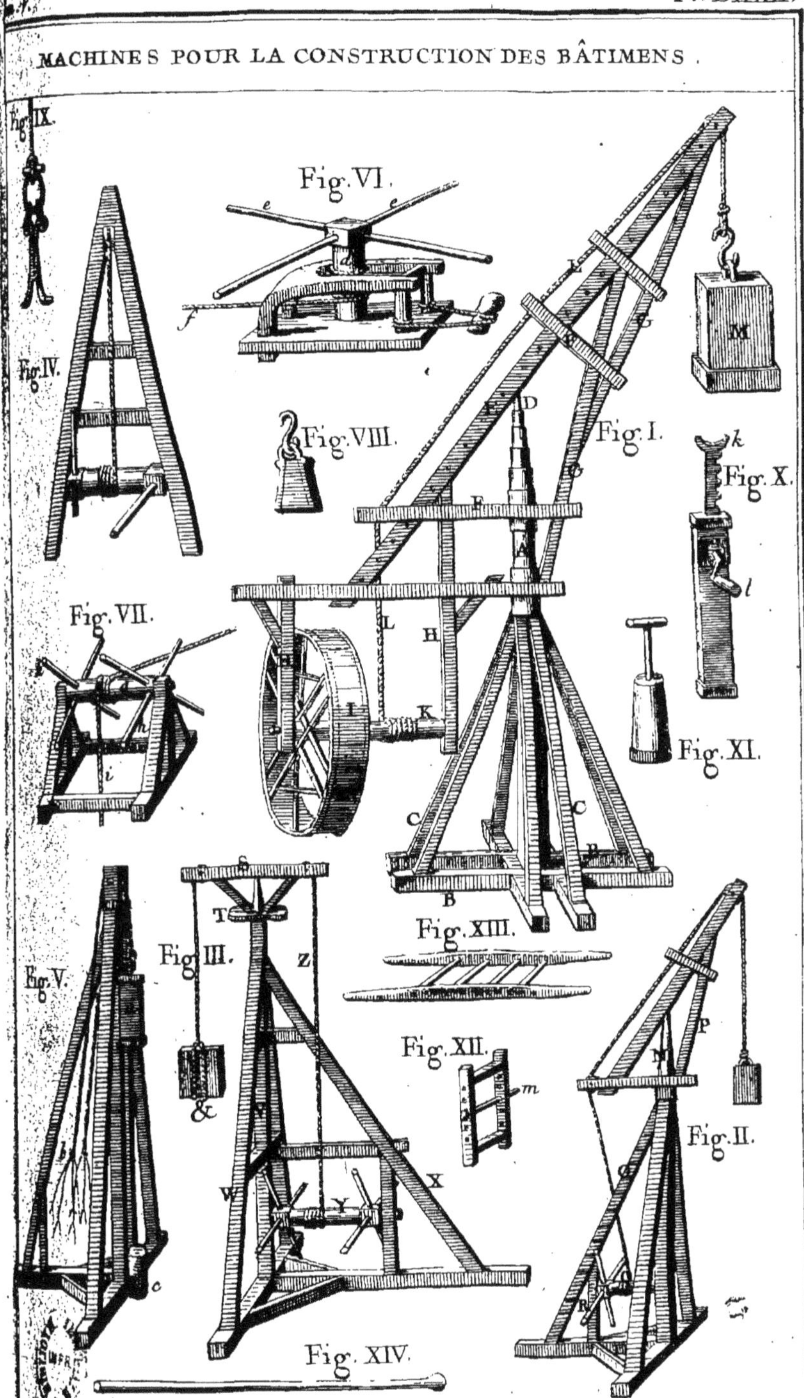

Dessiné par P. Patte.   Gravé par N. Ransonnette Graveur de Monsieur.